HELMUT WILLKE

Leitungswissenschaft in der DDR

Schriften zum Öffentlichen Recht

Band 355

Leitungswissenschaft in der DDR

Eine Fallstudie zu Problemen der Planung und Steuerung
in einer entwickelten sozialistischen Gesellschaft

Von

Dr. Helmut Willke

DUNCKER & HUMBLOT / BERLIN

Alle Rechte vorbehalten
© 1979 Duncker & Humblot, Berlin 41
Gedruckt 1979 bei Buchdruckerei A. Sayffaerth - E. L. Krohn, Berlin 61
Printed in Germany

ISBN 3 428 04319 7

Inhaltsverzeichnis

0. **Einleitung** 9

1. **Leitungswissenschaft und demokratische Organisation** 16
1.1. Die Notwendigkeit einer Leitungswissenschaft 16
1.2. Gegenstand und Fragestellung der Leitungswissenschaft 18
1.3. Die Bedeutung der Demokratiekonzeption für die Leitungswissenschaft 22
1.3.1. Führung als Problem der Leitungswissenschaft 25
1.3.2. Zur personalen Leitung 29
1.3.3. Organisation als Problem der Leitungswissenschaft 30
1.3.4. Leitungswissenschaft und MLO 31
1.3.5. Die Leitungswissenschaft als Instrument zur Verwirklichung einer Demokratiekonzeption 33

2. **Die technokratische Konzeption** 35
2.1. Komplexität und Demokratie 35
2.1.1. Demokratischer Zentralismus und technische Revolution 36
2.1.2. Demokratie, Planung und Selbstorganisation 41
2.2. Die ökonomischen Aufgaben der Politik 46
2.2.1. Wirtschaftliche Gesellschaft und Technokratie 48

3. **Die kybernetische Konzeption** 52
3.1. Steuerung oder Regelung der Volkswirtschaft? 56
3.1.1. Die Verbindung von zentraler Steuerung des Gesamtsystems und Selbstorganisation der Subsysteme im Bereich der Planung 58

3.2.	Ökonomie und Gesellschaft im kybernetischen Modell	70
3.2.1.	Die Entwicklung des gesellschaftlichen Systems des Sozialismus	72
3.2.2.	Entwickelte sozialistische Gesellschaft und sozialistische Demokratie	76
3.3.	Die politische Funktion der Ökonomie	78
3.3.1.	Die Rolle der Wissenschaft	82
4.	**Die Konzeption des kontrollierten Wandels**	**85**
4.1.	Die objektiven Gesetze der gesellschaftlichen Entwicklung	87
4.1.1.	Die führende Rolle der Partei als objektives Gesetz	90
4.2.	Zweigleisigkeit der Politik und Herrschaftsstruktur	91
4.2.1.	Die politischen Funktionen von Staatsrat, Ministerrat und Volkskammer	97
4.3.	Die Systemabhängigkeit sozialer Evolution	102
4.4.	Sozialer Wandel als Gegenstand der Leitungswissenschaft	110
5.	**Leitungswissenschaft und Recht: Äquivalenzen oder Alternativen?**	**115**
Stichwortverzeichnis		**128**

Abkürzungen

DZfPh	=	Deutsche Zeitschrift für Philosophie
Einheit	=	Einheit: Zeitschrift für Theorie und Praxis des wissenschaftlichen Sozialismus
KZSS	=	Kölner Zeitschrift für Soziologie und Sozialpsychologie
ND	=	Neues Deutschland
NÖP	=	Neue ökonomische Politik
NÖSPL	=	Neues ökonomisches System der Planung und Leitung der Volkswirtschaft
ÖSS	=	Ökonomisches System des Sozialismus
SPK	=	Staatliche Planungskommission
SuR	=	Staat und Recht (Zeitschrift)
VEB	=	Volkseigener Betrieb
VVB	=	Vereinigung volkseigener Betriebe
VS	=	Vertragssystem (Zeitschrift. Jetzt: Wirtschaftswissenschaft)

0. Einleitung

Hochkomplexe Industriegesellschaften sehen sich heute mit Steuerungsproblemen konfrontiert, zu deren Bewältigung die herkömmlichen Mittel nicht ausreichen. Dies gilt für entwickelte kapitalistische Systeme ebenso wie für entwickelte sozialistische Gesellschaften. Wenn auch das Grundproblem der Bewältigung komplexer, interdependenter und rasch wechselnder Entscheidungslagen allen hochentwickelten Gesellschaften gemeinsam ist, so gibt es doch charakteristische Unterschiede bezüglich der dominanten Problembereiche zwischen kapitalistischen und sozialistischen Systemen.

Idealtypisch vereinfacht können die westlichen Industrieländer gesehen werden als soziale Systeme, deren funktional ausdifferenzierte Teilsysteme wie Politik, Wirtschaft, Wissenschaft, Bildung, Kunst, Religion etc. einen relativ hohen Grad von Autonomie besitzen. Das Auseinanderfallen der Gesellschaft in funktional spezialisierte Teilbereiche — die „gesellschaftliche Arbeitsteilung" — führt einerseits zu wachsenden Interdependenzen zwischen den Teilen, andererseits zur zunehmenden Ausbildung von Teilrationalitäten, widersprüchlichen Subsystemzielen, unterschiedlichen Binnenmoralen und spezifischer Indifferenzen. Für die Gesamtgesellschaft stellt diese Entwicklung in immer drängender Weise das Problem des Zusammenhanges des Ganzen, *die Frage der Integration hochdifferenzierter Gesellschaftssysteme*.

Industrialisierten sozialistischen Ländern dagegen stellt sich das Komplexitätsproblem — wiederum idealtypisch vereinfacht — umgekehrt dar: eine alle gesellschaftlichen Lebensbereiche durchdringende Ideologie und Parteilichkeit (bis hin zu Familie und Justiz) bewirkt einen relativ hohen Grad an Integration der Gesamtgesellschaft. Andererseits bewirken Industrialisierung, Technisierung, Verwissenschaftlichung etc. ein so hohes Maß an gesellschaftlicher Komplexität, daß Fragen des „Wertberücksichtigungspotentials" (Naschold) und der „Zentralisierbarkeit von Entscheidungsleistungen" (Luhmann) unabweisbar werden. Sozialistische Staaten stehen daher zunehmend vor *dem Problem der funktionalen Differenzierung hochintegrierter Gesellschaftssysteme*.

Die hier skizzierte Sicht der unterschiedlichen dominanten Systemprobleme geht zwar davon aus, daß allen Industriegesellschaften das Problem der Bewältigung hoher Komplexität gemeinsam ist; diese

Sicht hat aber mit Vermutungen über mögliche Konvergenzen der beiden unterschiedlichen Gesellschaftstypen nicht das geringste zu tun. Eher ist zu vermuten, daß aufgrund der unterschiedlichen Ausgangsbedingungen das gleiche Grundproblem durchaus verschieden angegangen und nach systemspezifischen Entscheidungskriterien behandelt wird[1].

Bezogen auf das Problem der gesellschaftlichen Handlungs- und Steuerungsfähigkeit hat A. *Etzioni* eine Unterscheidung zwischen entwickelten kapitalistischen und sozialistischen Systemen vorgeschlagen, die geeignet ist, das hier vertretene Differenzierungs-Integrations-Konzept zu verdeutlichen: Er unterscheidet die Dimension Konsensus und Kontrolle und charakterisiert entwickelte sozialistische Gesellschaften als „overmanaged societies", weil ihre Kontrollkapazität weniger defizient ist als ihr Vermögen, Konsens zu bilden. Umgekehrt ist bei kapitalistischen Systemen die Fähigkeit, Konsens zu bilden, weniger defizient als ihre Kontrollkapazität. Sie werden als „drifting societies" gekennzeichnet[2]. Übersteuerte Gesellschaften leiden an einer zu engen Bindung der Teile an das Ganze. Die „funktionale Autonomie"[3] der Teilsysteme ist gering, so daß die politische Führungsspitze gezwungen ist, Entscheidungen eher auf Kontrolle als auf dezentralisierten Konsens zu stützen. Darüber hinaus verhindert der hohe Zentralisierungsgrad der Entscheidungsfindung eine optimale Variabilität der Teilsysteme, mithin deren Erneuerungs- und Anpassungsvermögen[4].

„Dahintreibenden" Gesellschaften mangelt es dagegen an der Fähigkeit, den Möglichkeitsreichtum der Teile zu bündeln, abzustimmen und einer kontinuierlichen, zukunftsorientierten Zielmatrix unterzuordnen. Die Schwierigkeiten etwa der französischen „planification" oder der westdeutschen mittelfristigen Finanzplanung geben davon beredtes Zeugnis ab[5]. Etwas salopp könnte man formulieren, daß entwickelte kapitalistische Gesellschaften mangels verbindlicher gesamtgesellschaft-

---

[1] Vgl. *Esser, Naschold, Väth:* Gesellschaftsplanung und Weltdynamik, in: dies. (Hrsg.): Gesellschaftsplanung in kapitalistischen und sozialistischen Systemen. Gütersloh 1972, S. 7 - 22.

[2] Vgl. *Etzioni, A.:* The Active Society. New York 1968, S. 466 ff.

[3] Vgl. *Gouldner, A.:* Reziprozität und Autonomie in der funktionalen Theorie, in: H. Hartmann (Hrsg.): Moderne amerikanische Soziologie, 2. Aufl. Stuttgart 1973, S. 369 ff.

[4] Vgl. die Andeutungen bei *Fedorenko, N.:* Zur Ausarbeitung des Systems der optimalen Planung und Leitung der sozialistischen Wirtschaft, in: Sowjetwissenschaft, Gesellschaftswissenschaftliche Beiträge 1, 1973, S. 1 - 16 (8 - 11).

[5] Vgl. *Naschold, F.:* Probleme der mehrjährigen Finanzplanung des Bundes, in: Demokratisches System und politische Praxis der Bundesrepublik. Festschrift für Th. Eschenburg, hrsg. von G. Lembruch u. a., München 1971, S. 161 - 173, bes. These 2 und 4; *ders.:* Gesellschaftsreform und politische Planung, in: Österreichische Zeitschrift für Politikwissenschaft 1, 1972, S. 5 bis 35 (25 ff.).

licher Zielvorstellungen nicht wissen, was sie mit ihrer Potenz anfangen sollen.

Neben *Etzioni* hat auch *N. Luhmann* den in kapitalistischen und sozialistischen Gesellschaften unterschiedlichen Versuchen der Lösung des Problems der Komplexität eine prägnante Fassung gegeben. Im Hinblick auf das Problem der Komplexität selbst, nicht aber hinsichtlich der Lösungsmöglichkeiten und der Folgeprobleme, hält er ideologisch integrierte Einparteien-Systeme und die auf politische Konkurrenz und freie Wahl beruhenden Mehrparteien-Demokratien für funktional äquivalent: „Ideologisch integrierte Einparteiensysteme verwenden ihre Ideologie als Grundstruktur ihrer Entscheidungsprozesse, fast sogar als Programm. Sie können demokratisch also nur sein in dem Maße, als diese Ideologie komplex genug angelegt ist, vor Dogmatisierungen bewahrt und opportunistisch praktiziert wird, also einen laufenden Wechsel von Präferenzen im Rahmen kontinuierlicher verbaler ‚Erkenntnisse' ermöglicht[6]." Die Dominanz der die integrierende Ideologie verwaltenden Parteien bedeutet, daß alle übrigen Bereiche der Gesellschaft unter politischen Prämissen gesehen werden und selbst nach politischen Kriterien handeln müssen. Dies erschwert die Ausbildung einer eigenen Rationalität, eigener Handlungskriterien und Entscheidungsprämissen in den gesellschaftlichen Teilbereichen wie etwa Familie, Wirtschaft, Kunst, Wissenschaft oder anderen. *Luhmann* meint, daß das wichtigste Gegengewicht gegen diese Einseitigkeit „in der resoluten, ideologisch zementierten Anerkennung eines Primates der Wirtschaft als Problemquelle"[7] liege. Diese Vermutung läßt sich — jedenfalls für die DDR — nicht halten, wie die vorliegende Arbeit noch zeigen wird.

In Mehrparteien-Demokratien dagegen — so *Luhmann* — legitimiere der Wahlerfolg als solcher, und deshalb könne auf eine einheitliche Ideologie verzichtet werden. Die Orientierung der Politik am formalen Prinzip des Wahlerfolges läßt weiten Raum für kurzfristig wechselnde, opportunistische, je nach Bedarf innovative oder stabilisierende Programme und Sachziele. Diese grundsätzliche Strukturentscheidung für konkurrierende politische Programme läßt den gesellschaftlichen Teilsystemen Raum für eigene Ziele und Entwicklungen. Und gerade dies schafft wiederum das Problem der Abstimmung der vielen divergierenden Ziele, der Rückbindung der Teilsysteme auf gesamtgesellschaftlich verbindliche Rationalitätskriterien. Die Politik scheint nicht in der Lage zu sein, die Dynamik der Gesellschaft zu bändigen. Sie „wartet hier gleichsam auf Krisen, die eine sich selbst entwickelnde

---

[6] *Luhmann*, N.: Komplexität und Demokratie, in: ders.: Politische Planung. Opladen 1971, S. 35 - 45 (42).
[7] *Luhmann*, N. S. 43.

Gesellschaft erzeugt, und ist kaum in der Lage, aus der Konzeption einer langfristigen Gesellschaftsentwicklung heraus die Probleme selbst zu stellen, über die sie entscheidet"[8].

Noch einmal möchte ich betonen, daß nur das Ausgangsproblem — das Problem der Entscheidungsfindung angesichts hochkomplexer und turbulenter Umwelten — in entwickelten kapitalistischen und sozialistischen Gesellschaften vergleichbar ist. Ansonsten liegen so unterschiedliche Ausgangsbedingungen und gesellschaftliche Prioritäten vor, daß jeweilige Lösungsversuche nur äußerst schwer zu vergleichen sind.

Die vorliegende Arbeit beinhaltet *keinen* Systemvergleich. Sie setzt sich das bescheidenere und realistischere Ziel, in Form einer Fallstudie die Entwicklung der Leitungswissenschaft in der DDR darzustellen. Der Schwerpunkt liegt auf einer Sichtung und Zusammenfassung der verstreuten und z. T. schwer zugänglichen DDR-Literatur. Dies hat zweierlei Konsequenzen: Zum einen geben die DDR-Quellen nur ein retouchiertes Bild der Wirklichkeit wieder. Sie stellen eher den Soll- als den Ist-Zustand dar. Kontroverse Diskussionen, Interessenwidersprüche und ideologische Kontroversen sind in den zur Veröffentlichung gelangenden Darstellungen meist schon ausgefiltert. Sie können bei größerer Übung und mit unsicherer Treffgenauigkeit nur aus Andeutungen und bestimmten Floskeln herausgelesen werden. Zum zweiten bedingt diese Form der Fallstudie, daß sich der Autor mit eigener Kritik weitestgehend zurückhält. Eine solche Kritik könnte sinnvoll erst im Rahmen eines viel aufwendigeren Systemvergleiches geleistet werden.

Um so größerer Wert wurde dafür auf eine Rekonstruktion der immanenten Kritik gelegt, die sich aus der Diskussion von Kurskorrekturen, Neuerungen, Schwerpunktverlagerungen und insbesondere der Einführung neuer Steuerungsmodelle herauslesen läßt. Den Hauptteil der Arbeit bilden daher drei Kapitel, die Entwicklung, Bedeutung und Konzeptualisierung der Leitungswissenschaft in unterschiedlichen politisch-ökonomischen Phasen zeigen: die technokratische Phase seit dem 6. Parteitag (1963) und dem dort eingeführten Neuen Ökonomischen System der Planung und Leitung der Volkswirtschaft (NÖSPL); die etwa ab 1965 einsetzende kybernetische Phase, die auf dem 7. Parteitag der SED (1967) die Zielvorstellungen der „Gestaltung des entwickelten gesellschaftlichen Systems des Sozialismus" brachte; und der etwa 1968 einsetzenden Phase des kontrollierten Wandels, die u. a. als Nachwirkung des „Prager Frühlings" und dessen Niederschlagung eine Neuorientierung der Leitungswissenschaft in Richtung auf externe Abgrenzung und interne Kontrolle mit sich brachte.

---
[8] *Luhmann*, N. S. 43.

Nicht aus einer mehr oder weniger aufgesetzten externen Kritik soll der Leser Einsichten gewinnen, sondern aus den Brechungen in der Entwicklung der Leitungswissenschaft, aus der internen Kritik eines wissenschaftlichen Konzepts durch die politisch-ökonomische Praxis.

Die Entwicklung der Leitungswissenschaft in der DDR ist für den westlichen Beobachter besonders interessant, weil hier an einem Schnittpunkt ökonomischer, politischer, ideologischer und juristischer Fragestellungen auf dem Hintergrund einer erheblichen Planungspraxis und dem normativen Postulat der sozialistischen Demokratie verfolgt werden kann, welche Faktoren zur weiteren funktionalen Differenzierung einer hochintegrierten Gesellschaft drängen und welche dem entgegenstehen. Läßt sich die Leitungswissenschaft verstehen als eine neue „sozialistische Verwaltungswissenschaft"[9], die den ausdifferenzierten Verwaltungsteilen nicht nur ihre Pflichten, sondern auch ihre Rechte als relativ autonome Akteure zuweist; oder handelt es sich hier um einen grundsätzlich neuen und zukunftsträchtigen Versuch, Dialektik und Dilemma zentraler Planung und demokratischer Organisation in einer neuen Konzeption aufzuheben? Dieser Frage geht Kap. 1 nach, in dem Gegenstand und einige wichtige Inhalte der Leitungswissenschaft dargestellt werden. Auch das Schlußkapitel kehrt zu dieser Frage zurück — nicht um sie endgültig zu klären, sondern um die Stellung der Leitungswissenschaft im System der Wissenschaften und um die eigentümliche Nähe der Leitungswissenschaft zur Rechtstheorie zu verdeutlichen.

Insgesamt geht es darum, möglichst unvoreingenommen eine neue Wissenschaft darzustellen und damit die Möglichkeit zu eröffnen, aus den — durchaus kontextgebundenen — Erfahrungen anderer etwas für die Lösung der eigenen spezifischen Steuerungsprobleme zu lernen. Die Diskussion um die Leitungswissenschaft ist in der DDR (wie auch in der UdSSR) nicht abgeschlossen. Zwar war seit dem politisch-ideologischen Wechsel von *Ulbricht* auf *Honnecker* ein deutlicher Stillstand der Diskusison zu verzeichnen; doch seit dem IX. Parteitag und der Neufassung des Parteiprogramms der SED von 1976 gewinnt genau das Problem an Bedeutung, welches für eine Theorie der Steuerung entwickelter „westlicher" Gesellschaften besonders interessant ist: das Verhältnis von Leitungswissenschaft einerseits und Rechtstheorie und einiger steuerungstheoretisch besonders relevanter Rechtsgebiete (wie Staatsrecht, Verwaltungsrecht und Wirtschaftsrecht)[10] andererseits.

---

[9] *Steinmüller*, W.: Leitungswissenschaft — eine sozialistische Verwaltungswissenschaft? in: Die Verwaltung 6, 1973, S. 45 ff.
[10] Vgl. *Arlt*, R.: Rechtssystem und Rechtswissenschaft, in: SuR 1976, S. 639 - 642; *Benjamin*, M., u. a.: Zur Entwicklung des Systems der Staats- und Rechtswissenschaft in der DDR, in: SuR 1977, S. 740 - 750; *Heuer*, U.-J.: Überlegungen zur Wirksamkeit des Wirtschaftsrechts, in: SuR 1976, S. 370

Westliche Gesellschaften haben in ihren hochdifferenzierten und relativ autonom gestellten Teilsystemen spezialisierte Steuerungssprachen entwickelt und in Form symbolisch generalisierter Kommunikationsmedien institutionalisiert[11]. Diese Steuerungsmedien sind durch je unterschiedliche Codes strukturiert: das Medium Macht durch Recht, das Medium Geld durch Eigentum, das Medium Wissen durch einen Methodencanon. *Recht* kann demnach verstanden werden als der Code, nach welchem Macht als Steuerungssprache des politischen Systems strukturiert und eingesetzt wird. Andere ausdifferenzierte gesellschaftlichen Teilsysteme haben insofern sachliche Alternativen (und funktionale Äquivalente) zum Recht entwickelt, als sie ihre spezifischen Steuerungsprobleme durch spezifische Codes — und eben nicht durch Recht — strukturieren: über wissenschaftliches Wissen wird nicht nach Machtgesichtspunkten rechtlich entschieden, Geld wird routinemäßig nicht nach moralischen Kriterien bewertet und politische Entscheidungen werden nicht nach ökonomischer Rationalität gefällt.

In hochintegrierten, relativ gering ausdifferenzierten sozialistischen Gesellschaften hingegen ist nur eine geringfügige Differenzierung und Spezialisierung — und mithin eine nur geringe Autonomie — unterschiedlicher Steuerungsmedien zu erwarten. Es besteht vordergründig kein Bedarf dafür, da der Primat der politischen Ideologie politische Macht zum zentralen Medium macht, dem sich alle anderen Medien nach dem Prinzip der „Parteilichkeit" unterzuordnen haben. Indes erweist sich bei genauerem Hinsehen, daß dieses Bild nur vordergründig stimmt. Entwickelte sozialistische Systeme kontrollieren nur mit Mühe die zentrifugale Dynamik der funktionalen Differenzierung. Gerade die Entwicklung der Leitungswissenschaft zeigt, daß es Gewichtsverschiebungen zwischen den Teilsystemen — insbesondere dem politischen, dem ökonomischen und dem wissenschaftlichen — gibt, die neben rechtlich strukturierter Macht andere Steuerungsmechanismen wie insbesondere Geld und Wissen auf den Plan rufen und dadurch spezifische Abstimmungs- und Konvertibilitätsprobleme erzeugen.

---

bis 381; *ders.*: Recht und Wirtschaftsleitung, in: SuR 1977, S. 1127 - 1137; *Edler*, M. / *Seidel*, D.: Gesellschaftliche Gesetzmäßigkeiten, staatliche Leitung und sozialistisches Recht, in: SuR 1978, S. 173 - 175; *Such*, H.: Zum Wesen des sozialistischen Verwaltungsrechts, in: SuR 1976, S. 146 - 153; *Grahn*, W. / *Wagner*, I.: Zur Entwicklung des Systems der Staats- und Rechtswissenschaft, in: SuR 1978, S. 56 - 62.

[11] Die Theorie symbolisch generalisierter Steuerungsmedien ist noch keineswegs ausgereift. Zwar ist z. B. die funktionale Äquivalenz von Geld und Macht inzwischen schon mehrfach untersucht worden, aber es fehlen insbesondere Analysen der unterschiedlichen spezifischen Steuerungspotentiale, sowie der Möglichkeiten und Mechanismen der Konversion differenzierter Medien. Vgl. als Überblicke *Münch*, R.: Max Webers „Anatomie des okzidentalen Rationalismus": Eine systemtheoretische Lektüre, in: Soziale Welt 29, 1978, S. 217 - 246 und *Willke*, H.: Grundprobleme der neueren Systemtheorie, Reinbek 1979, Kap. 5 jeweils mit weiteren Nachweisen (im Druck).

Vermutungen über „Führungswechsel" differenzierter sozietaler Subsysteme — etwa von der Politik auf die Ökonomie, von der Ökonomie auf die Wissenschaft — implizieren Vermutungen auch über das jeweils zentrale Steuerungsmedium. Die Frage ist, ob die bereits ausgebildeten Steuerungssprachen den Anforderungen hochkomplexer Gesellschaften (und dazu zählen auch entwickelte sozialistische Systeme) genügen können, ob der Entscheidungs- und Steuerungsbedarf dieser Gesellschaften nicht neue Kommunikationsmedien und neuartige Kombinationen insbesondere der Medien Macht, Geld und Wissen erzwingt. Die Entwicklung der Leitungswissenschaft ist auf diesem Hintergrund der defizienten Steuerungskapazität des klassischen Mediums Macht und des Rechtscodes zu sehen. Und es ist gerade dieser Hintergrund, der die weitere Entwicklung der Leitungswissenschaft auch für eine Theorie der Steuerung hochkomplexer „westlicher" Gesellschaften bedeutungsvoll macht.

In den folgenden vier Kapiteln wird die historische Entwicklung der Leitungswissenschaft nachgezeichnet. Im letzten Kapitel kehre ich dann zu einigen Aspekten der Ausgangsfrage nach dem Verhältnis von Leitungswissenschaft und Recht zurück.

1. Leitungswissenschaft und demokratische Organisation

1.1. Die Notwendigkeit einer Leitungswissenschaft

Der historische Materialismus Marxscher Prägung verband die Philosophie der gesellschaftlichen Entwicklung mit der marxistischen Soziologie, der Wissenschaft von den einer Gesellschaft in einer bestimmten historischen Phase innewohnenden Funktions- und Strukturgesetzen. Die heute in sozialistischen Systemen betriebene „konkrete Soziologie" ist eine auf der Grundlage der marxistisch-leninistischen Methodologie arbeitende Einzelwissenschaft im System der Gesellschaftswissenschaften[1]. Wesentliche Aufgabe der konkreten Soziologie ist es, Datenmaterial und aufbereitete Informationen über den aktuellen Zustand des gesellschaftlichen Gesamtsystems oder einzelner Teilsysteme zu liefern, die zur Entscheidungsvorbereitung verwendet werden können[2].

So wie die marxistisch-leninistische Philosophie in unverbindlichen und undefinierten Zeitdimensionen arbeitet, mithin tendenziell entweder zu Dogmen erstarrt oder zu unspezifizierten, nichtoperationalisierbaren Aussagen kommt, so ist eine „konkrete Soziologie" tendenziell dem Augenblick verhaftet und abstrahiert von der zeitlichen Dimension möglicher Evolution. Für die wissenschaftliche Beantwortung der Frage des Übergangs von der sozialistischen zur kommunistischen Gesellschaft, dessen Formen und Bedingungen, erwuchs die Notwendigkeit einer integrierenden, bewußt Zustand und Evolution verbindenden Wissenschaft. Diese Wissenschaft entstand und entwickelt sich unter dem Namen ‚Leitungswissenschaft'.

Hatten bislang die marxistisch-leninistischen Parteien als „organisierte Vortrupps der Arbeiterklasse" generell beansprucht, die „objektiven Gesetze" der gesellschaftlichen Entwicklung zu kennen, so erwuchs unter den Bedingungen hochentwickelter Industriegesellschaften, der wissenschaftlich-technischen Revolution, der Vergesellschaftung der Produktionsmittel und der Einbeziehung der Werk-

---

[1] Vgl. *Benjamin*, M.: Vorwort zu *Afanasjew*, W.: Wissenschaftliche Leitung der Gesellschaft, Berlin 1969, S. 11.
[2] Vgl. *Afanasjew* S. 307; vgl. auch *Stiller*, G.: Die konkret-soziologische Erforschung rechtlicher Erscheinungen, SuR 20, 1971, S. 461 ff.

1.1. Die Notwendigkeit einer Leitungswissenschaft

tätigen in die Leitung der gesellschaftlichen Entwicklung die Notwendigkeit, eine spezielle, eigen-ständige Wissenschaft der Leitung der Gesellschaft zu schaffen, um den neuen Anforderungen an die führende, leitende und organisatorische Tätigkeit zu genügen[3] und eine Steuerung dieser Prozesse zu erreichen[4].

Die Entwicklung der Gesellschaft der DDR (wie auch anderer sozialistischer Staaten) ist strategisch programmiert durch die marxistisch-leninistische Ideologie; die taktische Programmierung war Aufgabe des sozialistischen Rechts (wobei das Recht die Planung einschließt, da die verschiedenen Pläne Rechtscharakter haben), insbesondere des Staatsrechts[5] und der Verfassung[6] als dessen wesentlicher Kodifizierung. Die Rechtswissenschaft allein war jedoch immer weniger in der Lage, die komplexer und komplizierter werdenden Probleme der staatlichen, ökonomischen und gesamtgesellschaftlichen Leitung zu lösen. Ging es auf der Babelsberger Konferenz im Jahre 1958 darum, alle in der Verwaltungsrechtswissenschaft nachwirkenden bürgerlichen Vorstellungen und Begriffe zu überwinden und durch sozialistische zu ersetzen, so ging es 1963 mit der Einführung des Neuen Ökonomischen Systems der Planung und Leitung der Volkswirtschaft (NÖSPL) darum, das Verwaltungsrecht überhaupt zu überwinden und durch eine über den Rahmen der Verwaltungsrechtswissenschaft hinausgehende Wissenschaft von der staatlichen Leitung zu ersetzen[7]. Bereits zu Beginn der Entwicklung der Leitungswissenschaft war mithin deutlich, daß nicht die Anreicherung der Rechtswissenschaft mit ökonomischen, naturwissenschaftlichen oder gesellschaftswissenschaftlichen Fragestellungen und Erkenntnissen beabsichtigt war, sondern die Erarbeitung einer umfassenden, komplexen Wissenschaft für die Behandlung der qualitativ neuen Probleme der gesellschaftlichen Leitung[8]. Das vordringliche wissenschaftslogische Problem war daher die Frage nach dem Gegenstand der Leitungswissenschaft.

---

[3] Vgl. *Piskotin, Lasarew, Salischtschewa, Tichomirow:* Über die Leitungswissenschaft, in: SuR 1964, S. 2159.

[4] *Afanasjew* S. 17, weist darauf hin, daß nur auf der Grundlage exakter Kenntnisse über die Prozesse des kommunistischen Aufbaus es möglich ist, „die Bewegung der Gesellschaft vom Sozialismus zum Kommunismus wissenschaftlich zu leiten".

[5] Seit der Babelsberger Konferenz umfaßt das Staatsrecht auch das Verwaltungsrecht.

[6] Besonders deutlich ist dies bei den Art. 2 I, IV; 9 III; 21 I der Verf. der DDR.

[7] Vgl. *Riege / Schulze / Unger:* Internationaler Gedankenaustausch über die Aufgaben der Wissenschaft von der staatlichen Leitung in den sozialistischen Ländern, in: SuR 1963, S. 1215, welche die neue Wissenschaft noch als ‚Verwaltungswissenschaft' bezeichnen.

[8] So *Piskotin* et al., S. 2165.

1.2. Gegenstand und Fragestellung der Leitungswissenschaft

Nach *Manochin* ist das Untersuchungsobjekt der Leitungswissenschaft „das Funktionieren sozialer und gesellschaftlicher Organismen oder Vereinigungen"[9]; *Piskotin* et al. sprechen davon, daß die Leitung als gesellschaftlich notwendige Funktion vor allem als organisierende Tätigkeit auftritt[10]; und *Kannegiesser* sieht die Leitungswissenschaft als Theorie der Führung, Leitung und Organisation gesellschaftlicher Prozesse und Erscheinungen[11]. Diese Bestimmung des Gegenstandes der Leitungswissenschaft stieß insofern auf Kritik, als dadurch zwar eine komplexe, nicht aber eine eigenständige, allgemeine Wissenschaft von der Leitung intendiert war.

Hahn / Hofmann lehnen die komplexe Leitungswissenschaft Manochins ab und betonen die Notwendigkeit der Bildung einer eigenen Wissenschaftsdisziplin[12].

Auch *Galperin / Lebedew* weisen auf die Notwendigkeit hin, „eine allgemeine Theorie der Leitung auszuarbeiten, die allen Arten der Leitungstätigkeit in der Gesellschaft entspricht"[13]. Die Leitungswissenschaft sollte nicht nur die Ergebnisse relevanter Wissenschaften sammeln, kombinieren und auswerten, sondern darüber hinaus eine in der Zeitdimension variable (strategische und taktische) Programmierung komplexer gesellschaftlicher Prozesse leisten, mit dem Ziel, die notwendigen und hinreichenden Bedingungen für die Verwirklichung des Kommunismus aufzuzeigen und ihre Realisierung zu ermöglichen.

Ein weiteres wesentliches Problem der Entwicklung der Leitungswissenschaft ist die Differenzierung und Abgrenzung der Begriffe Leitung, Führung und Organisation. Während *Piskotin* et al noch kaum differenzieren, sondern nur betonen, daß die Leitung alle Sphären des gesellschaftlichen Lebens umfassen müsse[14], unterscheidet *Manochin* die Leitung deutlich in Leitungsfunktion und Organisation. Unter Leitungsfunktion versteht er den Bereich der „Regulierung der Tätigkeit

---

[9] *Manochin*, W.: Über den Gegenstand und die Aufgaben der Leitungswissenschaft in der gegenwärtigen Periode, in: SuR 1965, S. 1377 (1378).
[10] *Piskotin* et al., S. 2168.
[11] *Kannegiesser*, W.: Leitungswissenschaftliche Probleme unter dem Gesichtspunkt der Kybernetik, in: SuR 1965, S. 1609 (1610).
[12] Vgl. *Hahn / Hofmann*: Zum komplexen Charakter der Führung der Gesellschaft und zu den Aufgaben der Wissenschaft, in: SuR 1965, S. 1636 (1648 f.); ebenso *Adfeldt*: Gegenstand und Probleme der Wissenschaft von der Leitung der Produktion, in: Organisation und Leitung, hrsg. von der Akademie der Wissenschaften der UdSSR, Berlin (Ost) 1969, S. 9 (23).
[13] *Galperin / Lebedew*: Zum Gegenstand der Leitungswissenschaft, in: SuR 1968, S. 980 (981 f.).
[14] *Piskotin* et al. S. 2162.

1.2. Gegenstand und Fragestellung der Leitungswissenschaft

einer sozialen oder gesellschaftlichen Vereinigung", während der wechselseitige Zusammenhang und die Bedingtheit der Leitungsfunktionen als besonderer Gegenstand der Leitungswissenschaft die Organisation betrifft[15].

Diese Unterscheidung verweist bereits deutlich auf eine systemtheoretische Betrachtung der Leitungswissenschaft und der (implizierten) Unterscheidung von Funktion und Struktur. Von einer entscheidungstheoretischen Position aus sieht *Kannegiesser* als den eigentlichen Tätigkeitsbereich des Leiters das Suchen und Finden von Entscheidungen an. Er führt mithin das Problem der Leitung auf ein Koordinationsproblem zurück, in dem die verschiedenen Interessen koordiniert werden[16]; und er führt aus, daß Organisation ein wichtiger Begriff der Leitungswissenschaft sei, weil es sich bei dieser vornehmlich um Fragen der Organisation handle[17]. Von der Position der kybernetischen Systemtheorie aus vertreten *Galperin / Lebedew* die Ansicht, daß die Leitungswissenschaft eng mit der Kybernetik verbunden sei, als deren Gegenstand die optimale Steuerung und Regelung komplexer Systeme schlechthin angesehen werde. Doch betonen sie, daß Kybernetik und Leitungswissenschaft nicht identisch seien[18]. Ihrer Ansicht nach zerfällt der gesellschaftliche Leitungsprozeß in zwei Etappen: einmal die Erforschung des Grades und der Möglichkeiten der Organisiertheit eines konkreten Steuerungs- oder Regelsystems und die Beschaffung von Information über Struktur und Funktionen des Systems; und zeitlich danach die Bestimmung der Methoden und Mittel der Einwirkung dieses Systems auf den Ablauf des zu leitenden Prozesses in Richtung auf ein gewünschtes Ergebnis[19].

Hahn / Hofmann nehmen eine Abgrenzung von ‚Führung' und ‚Leitung' vor, die zum Teil der Abgrenzung von Leitung und Organisation bei *Galperin / Lebedew* entspricht. Sie subsumieren unter Führung „die gesamte Tätigkeit, die mit dem Vorbereiten und Fassen von Beschlüssen zu Grundfragen der Entwicklung des Systems der sozialistischen Gesellschaft verbunden ist"[20]. Die Führung trifft die strategischen Entscheidungen und ‚Leitung' ist dann die Realisierung der durch die Führung beschlossenen Ziele und Maßnahmen. Leitung schließt aber auch einen bestimmten Bereich notwendiger (taktischer) Entscheidungen ein. *Jakowlew* schließlich versteht die Leitung als Informationspro-

---

[15] *Manochin* S. 1379.
[16] Vgl. *Kannegiesser* S. 1620.
[17] *Kannegiesser* S. 1613 f.
[18] *Galperin / Lebedew:* Die Leitung der gesellschaftlichen Prozesse und die Kybernetik, in: SuR 1965, S. 1622 (1623); vgl. auch *dies:* Zum Gegenstand, S. 983.
[19] *Galperin / Lebedew:* Die Leitung, S. 1628.
[20] *Hahn / Hofmann* S. 1641.

zeß, welcher in die drei Phasen Informationssammlung, Informationsauswahl und Beschlußfassung und schließlich Kontrolle der Durchführung der Beschlüsse aufteilbar ist[21].

Die unterschiedliche und oft gegensätzliche Verwendung und Bestimmung der Begriffe Leitung, Führung und Organisation ist insofern nicht überraschend, als sie sich nicht gegenseitig ausschließen, sondern im Gegenteil eng miteinander zusammenhängen: die Leitung bedarf der Organisation, die Organisation der Leitung, beide Aspekte werfen Führungs- und mithin Herrschaftsprobleme auf. Eine Begriffsbestimmung mit Bezug auf einzelne Tätigkeiten erscheint daher wenig sinnvoll, da organisierende, leitende und führende Tätigkeiten oft nicht auseinander zu halten sind[22].

Untersucht man die drei Begriffe jedoch unter dem Aspekt der für die Entwicklung eines Systems notwendigen Funktionen, so erscheint eine ausreichende Klärung der Begriffe möglich. Diese Klärung soll hier angedeutet werden, um den Sprachgebrauch für die vorliegende Arbeit zu vereinheitlichen.

Die Funktionsweise und Entwicklung dynamischer Systeme, seien sie technischer, biologischer oder sozialer Art, ist die Fragestellung der Kybernetik. Im kybernetischen Modell des Regelkreises ist ein System im wesentlichen bestimmt durch:

1. die Führungsgröße: sie beantwortet die Frage nach der Funktion, der Entwicklungsrichtung, dem Ziel des Systems;
2. den Regler und die durch ihn gesteuerte Regelgröße: daraus wird ersichtlich, wer das System steuert oder regelt, wer also die von der Führungsgröße vorgegebene Funktion innerhalb des Systems durchsetzt; und
3. die Struktur des Systems, aus welcher sich ableiten läßt, wie, auf welche Weise und durch welche Kontrollmechanismen das System funktioniert.

Bindet man — wie *Galperin / Lebedew* — die Leitungswissenschaft sehr eng an die Kybernetik und versteht Leitung als ein Prozeß zielgerichteter steuernder und regelnder Einwirkung eines leitenden Systems auf ein geleitetes mit den Mitteln des Informationsaustausches[23], so bie-

---

[21] Vgl. *Jakowlew*, O.: Über Methoden, Inhalt und Struktur der wissenschaftlichen Erkenntnis auf dem Gebiet der Leitung, in: SuR 1965, S. 2106 (2110 f.).

[22] Dies betonen auch *Benjamin*, S. 12 und *Afanasjew*, S. 136, Fn. 8, die Führung und Leitung nicht unterscheiden; *Heuer*, U.: Organisation des Sozialismus, in: SuR 1969, S. 1700 (1704) scheint einen Unterschied zwischen Führung, Leitung und Organisation zu sehen, führt dies aber nicht aus: vgl. hierzu auch den umfassenden Überblick bei *Lassow*, E.: Leitungswissenschaft und Philosophie, in: DZfPh 1968, S. 1247.

[23] Vgl. *Galperin / Lebedew*: Zum Gegenstand, S. 984.

1.2. Gegenstand und Fragestellung der Leitungswissenschaft

tet sich eine dem Schema des Regelkreises analoge Differenzierung der Aspekte der Leitungswissenschaft an[24].

Im Rahmen der Leitungswissenschaft wäre demnach eine Differenzierung in Führung, Leitung und Organisation insofern sinnvoll, als zwar alle drei Bereiche eng zusammenhängen, jedoch verschiedene Schwerpunkte erkennbar sind: die Frage, *wohin*, mit welcher Zielsetzung sich das gesellschaftliche System entwickelt und wie diese Zielsetzung erarbeitet wird, wäre dem Problemkreis ‚Führung' zuzuordnen[25]. Leitungsprobleme im engeren, personalen Sinn wären dann die Fragen, *wer* die Gesellschaft leitet, wer die taktischen Entscheidungen in den jeweiligen Bereichen fällt; ob Einzelleitung oder kollektive Leitung, starre oder flexible Leitung, demokratisch oder fachlich legitimierte Leitung den Zielsetzungen der Gesellschaft entsprechen. Und schließlich soll die wissenschaftliche Behandlung der Probleme der Organisation die Frage beantworten, *wie* die Gesellschaft geleitet wird, wie das Zusammenspiel und der Wirkungszusammenhang der einzelnen Leitungsebenen, Kompetenzabgrenzungen und Interessendivergenzen zu organisieren ist, um die von der Führung vorgegebenen Zielsetzungen der Gesellschaft optimal zu verwirklichen[26].

Die Unterteilung der Leitung in Führung, personale Leitung und Organisation hat analytischen Zweck und darf nicht die enge Verbindung und gegenseitige Durchdringung aller drei Bereiche undeutlich werden lassen. Der Zusammenhang aller drei Bereiche zeigt sich nicht zuletzt darin, daß außer reflexiven Prozessen (Führung der Führung, Leitung der Leitung, Organisation der Organisation) insbesondere die Organisation der Führung und personalen Leitung, die personale Leitung der Führung und Organisation und die Führung der personalen Leitung und der Organisation (multiplikative Prozesse) zu wichtigen Problemen im Rahmen der Leitungswissenschaft werden. So unterscheidet etwa *Afanasjew* (durchaus analog zur Differenzierung in Führung, personaler Leitung und Organisation) durchgängig die gei-

---

[24] Diesen Schritt machen *Galperin / Lebedew* allerdings nicht.

[25] Wichtig ist, daß der Führungsaspekt der Leitungswissenschaft über die Fragestellung der Kybernetik als der allgemeinen Leitungswissenschaft organischer, sozialer und technischer Systeme hinausreicht. Die Kybernetik löst die Frage ‚wie steuern', nicht aber die Frage ‚wohin oder wofür' steuern; vgl. *Afanasjew*, S. 50. In den Begriffen der Informationstheorie ist dies der pragmatische Aspekt der Steuerung und involviert den Sinn menschlichen Handelns.

[26] Die Organisation der Rückkopplungsbeziehungen zwischen Regler und Regelstrecke in einem vermaschten Regelkreissystem hat in streng kybernetischer Sicht zum Ziel die Optimierung des Funktionierens des Systems: vgl. *Afanasjew*, S. 50; wichtig ist aber, daß in sozialen Systemen der organisatorische (semantische) Aspekt über die Bewußtseinsentwicklung der Individuen und Kollektive Rückwirkungen auf die Ebenen der Führung und personalen Leitung hat.

stige, die sozial-ökonomische und organisatorisch-technische Seite der wissenschaftlichen Leitung der Gesellschaft. Er macht insofern auch deutlich, daß Leitung sich nicht nur in organisatorischen Veränderungen erschöpfen kann[27], sondern als ein das jeweilige System umfassender Prozeß gesehen werden muß.

Gerade in den Aspekten Führung und personale Leitung berührt die Leitungswissenschaft das wichtige Problem des Verhältnisses von zentraler Planung und demokratischer Organisation. Es ist daher erforderlich, sie im Kontext des jeweiligen Verständnisses von Demokratie zu betrachten, will man ein adäquates Verständnis ihrer Bedeutung erreichen.

1.3. Die Bedeutung der Demokratiekonzeption für die Leitungswissenschaft

Wesentlich ist also, daß die Leitungswissenschaft — wie jede Gesellschaftswissenschaft — in Wechselwirkung steht mit den realen Gesellschaftsverhältnissen. Modellhaft zusammengefaßt und auf grundlegende Zielsetzungen verdichtet, erscheinen die angestrebten Gesellschaftsverhältnisse in der je vorherrschenden Demokratiekonzeption. Die Leitungswissenschaft in einer bestimmten Phase der gesellschaftlichen Entwicklung ist nicht hinreichend bestimmt durch die Definition ihres Gegenstandes und die Herausarbeitung ihrer Fragestellungen im allgemeinen, sondern wesentlich auch dadurch, welche besonderen Anforderungen an sie gestellt werden von der Gesellschaft, die zu einem bestimmten Zeitpunkt bestimmte Aufgaben vordringlich zu lösen hat. Umgekehrt lassen sich aus den jeweiligen intensivierten Forschungsrichtungen der Leitungswissenschaft Rückschlüsse ziehen über Demokratiekonzeption und vordringlich erachtete Aufgaben.

Grundlegendes Problem jeglicher modernen Demokratiekonzeption ist die Ausregelung des widersprüchlichen Verhältnisses von Partizipation und Effizienz. Partizipation — verstanden als die gleichberechtigte Beteiligung der Betroffenen an politischen und wirtschaftlichen Entscheidungen und die eigenverantwortliche Zielbestimmung im eigenen Führungsbereich — ist eine Basisforderung für die Verwirklichung von Demokratie. Effizienz ist das reibungslose, koordinierte Funktionieren

---

[27] Vgl. *Afanasjew*, und ders.: Soziale Information und Leitung der Gesellschaft, Berlin (Ost), 1976, S. 268 ff.; vgl. die Aufgliederung der Leitungswissenschaft bei *Thimm*, W.: Philosophische Aspekte der sozialistischen Leitungswissenschaft, in: DZfPh 1966, S. 654 (663). *Thimm* unterteilt in Leitungswissenschaft und Führungswissenschaft und gliedert die Leitungswissenschaft selbst in Theorie der Diagnose, der Prognose, der Planung, der Entscheidung und in Theorie der Organisation.

1.3. Bedeutung der Demokratiekonzeption

von Entscheidungsprozessen bei beschränktem Zeitaufwand und optimaler Kosten-Nutzen-Relation[28].

Effizienz ist Grundbedingung einer wachstumsorientierten Industriegesellschaft, in der Steigerung der Arbeitsproduktivität und wissenschaftlich-technologische Innovation Voraussetzung gesellschaftlicher Stabilität sind[29]. Die Vereinbarkeit von Partizipation und Effizienz ist zum einen ein wissenschaftliches Problem, da nur adäquate Verfahren und Mittel (Organisationsstrukturen, Entscheidungsstrategien, Informationssysteme und Kommunikationsmittel) die Integration vieler Einzel- und Gruppeninteressen zu einem (nicht nur fingierten) Gesamtwillen erlauben; zum anderen hängt die Durchsetzung von Partizipation unter Beibehaltung hinreichender Effizienz von der Qualifikation und dem Engagement der einzelnen ab, so daß kontinuierliche Weiterbildung und Einsicht in das Funktionieren des Gesamtsystems zur Voraussetzung praktizierter Demokratie werden. Wichtig ist, daß hochentwickelte Verfahren und Integrationsmittel allein, ohne parallel laufende Qualifizierung der Bürger zur Wahrnehmung ihrer Interessen und zur gesellschaftlichen Leitung, nicht zur Vervollkommnung der Demokratie führt, sondern zur Vervollkommnung der Manipulation und Pseudo-Beteiligung. Andererseits läuft angesichts der zu bewältigenden Massenprozesse hohe Qualifikation der Bürger leer, wenn nicht wirksame komplexitätsreduzierende Techniken entwickelt sind, die gesamtgesellschaftliche Zielfindung und Zielauswahl ermöglichen[30].

Komplexität kann verstanden werden als eine Eigenschaft von Systemen, die durch Zahl und Art der zwischen den Elementen und zwischen System und Umwelt bestehenden Relationen bestimmt ist[31]. Ist Zahl und Art dieser Relationen gering (z. B.: die ursprüngliche Eskimogesellschaft), so spricht man von einem System niederer Komplexität; ist sie hoch, wie in jeder modernen Industriegesellschaft, so erreicht die Komplexität schnell einen Grad, der Mechanismen der Komplexitätsverarbeitung erfordert. Einer der wichtigsten dieser Mechanismen ist der Prozeß der internen Differenzierung, durch den Systeme für bestimmte Funktionen Teilsysteme bilden, welche notwendigerweise mit

---

[28] Vgl. *Etzioni*, A.: Modern Organizations, New Jersey 1964, S. 8; wesentlich ist, daß Kosten und Nutzen nicht nur ökonomische, sondern auch soziale Dimensionen haben; vgl. auch *Kannegiesser*, H.: Das gesellschaftliche System, seine Struktur, Funktion und Organisation, in: SuR 1968, S. 29 (bes. S. 33).

[29] Vgl. Politisches Grundwissen, hrsg. von der Parteihochschule „Karl Marx" beim ZK der SED, Berlin (Ost) 1970, S. 526, wo die stetige Steigerung der Arbeitsproduktivität als objektives Gesetz des Sozialismus bezeichnet wird.

[30] Vgl. *Kannegiesser*, H.: System, S. 36.

[31] So *Luhmann*, N.: Soziologie als Theorie sozialer Systeme, in: KZSS, 1967, S. 615 (618) und *Klaus*, G. (Hrsg.): Wörterbuch der Kybernetik, Frankfurt/Hamburg 1969, S. 307.

einer relativen Autonomie ausgestattet sind[32] und die Störungen durch Umwelteinwirkungen bis zu einem gewissen Grad selbst ausgleichen können. Die systemerhaltende Funktion der internen Differenzierung liegt darin, daß in den spezialisierten Subsystemen Störungen aufgefangen und neutralisiert werden können, bevor sie auf das Gesamtsystem übergreifen, andererseits aber auch darin, daß systemfördernde Leistungen nach dem Prinzip der Arbeitsteilung intensiviert werden können.

Innerhalb des Gesamtsystems müssen die Teilsysteme die Fähigkeit der Selbstorganisation haben, um sich selbständig und schöpferisch mit der Umwelt auseinandersetzen zu können[33]. Wesentlich ist nun, daß die Selbstorganisation der Teilsysteme, d. h. ihre relative Autonomie gegenüber dem Gesamtsystem zur Voraussetzung hat, daß den Teilsystemen (Betrieb, Kombinat, örtliche Organe der Staatsmacht, Planungsorgane, VVB, usw.) Verantwortung und Kompetenzen übertragen und juristisch abgesichert werden. Ein wichtiger Impuls für die Entwicklung der Leitungswissenschaft lag gerade in der Notwendigkeit, den Teilsystemen eigene Aufgaben und mithin eigene Rechte (insbesondere Abwehrrechte gegen unplanmäßige Eingriffe übergeordneter Systeme[34]) zu übertragen, um die zentralen Organe zu entlasten und die materielle Sicherstellung der Teilsysteme zu gewährleisten. *Heuer* betont in diesem Zusammenhang, daß die Fähigkeit der Teilsysteme zur Selbstorganisation und weiterer, rechtlich abgesicherter funktionaler Differenzierung um so notwendiger werde, je umfangreicher und komplexer die gesellschaftlichen, insbesondere volkswirtschaftlichen Zielsetzungen werden[35].

Die wachsende Differenzierung des Gesamtsystems in einzelne Hierarchien relativ autonomer Subsysteme ist eine entscheidende Bedingung einer potentiellen Verbindung von Partizipation und Effizienz. In dem Maße, wie zentrale, in verbindlichen Plänen festgelegte Entscheidungen immer mehr Individuen, Gruppen und Teilsysteme be-

---

[32] Die Bedeutung der relativen Autonomie der Subsysteme betonen besonders *Heuer*, U.: Gesellschaft und Demokratie, in: SuR 1967, S. 907 (915); *Klaus / Schnauss*: Kybernetik und sozialistische Leitung. Einheit 2, 1965, S. 93 ff. (100); *Luhmann* S. 629; *Afanasjew* S. 33 f.
[33] Vgl. *Heuer*: Demokratie und Recht, S. 106.
[34] So ausdrücklich *Heuer / Pflicke*: Aufgaben des Wirtschaftsrechts und der Wirtschaftsrechtswissenschaft bei der weiteren Gestaltung des neuen ökonomischen Systems, in: VS 1967, S. 193 (194 f.); vgl. auch *Such*, H.: Aktuelle Probleme der Erhöhung der Wirksamkeit des Wirtschaftsrechts, in: SuR 1970, S. 365 ff.; *Pflicke*, G.: Zu einigen Entwicklungstendenzen des Planungsrechts, in: WR 1970, S. 728 ff.; *Heuer*, U.-J.: Staat, Wirtschaft und Wirtschaftsrecht — Zum Erscheinen von „Politische Ökonomie und Sozialismus und ihre Anwendung in der DDR, in: WR 1970, S. 8 ff.
[35] Vgl. *Heuer*, U.: Demokratie und Recht im NÖSPL, Berlin (Ost) 1965, S. 110.

treffen, in dem Maße müssen auch immer mehr Individuen, Kollektive und Teilsysteme versuchen, zentrale Entscheidungen zu beeinflussen, soll Partizipation sich nicht zur verbalen Phrase verflüchtigen[36]. Insbesondere der Bereich der Führung, in dem die strategischen Entscheidungen der gesellschaftlichen Entwicklung fallen, wird damit zum politischen Entscheidungsfeld, in welches Partizipation hinreichen muß, wenn Selbstorganisation, Mitbestimmung, Masseninitiative, Kontrolle von unten, Ausübung der politischen Macht durch die Werktätigen, usw., nicht nur Bestandteil der Demokratiekonzeption, sondern auch der Demokratiewirklichkeit werden soll.

Im folgenden werden — aufgeteilt auf die Bereiche Führung, Leitung und Organisation — einige der in der DDR-Literatur behandelten Möglichkeiten der Differenzierung und Dezentralisierung kurz erörtert.

1.3.1. Führung als Problem der Leitungswissenschaft

Die Frage der Führung rührt an ein Dogma des Marxismus-Leninismus, an die führende Rolle der Partei[37]. Dies zeigt sich auch daran, daß es im Rahmen der Leitungswissenschaft nahezu keine Untersuchung zu Problemen der Führung gibt. Soweit ersichtlich, haben neben *Heuer* nur *Hahn / Hofmann* hierzu direkt Stellung genommen und deutlich ausgeführt, daß man den Hauptinhalt der Demokratie nicht nur in der ‚Mitwirkung' der Werktätigen an der Plandurchführung sehen dürfe:

„Auch die weitestgehende Planung von unten ändert nichts daran, daß die Führung dort liegt, wo über Ziel und Regelgröße letztlich die Entscheidung gefällt wird[38]."

Sie fordern daher konsequent, daß Führungsentscheidungen nicht nur von gewählten Organen zu fassen sind, sondern daß die Zusammensetzung kollektiver Entscheidungsorgane „vom Bereich, vom Inhalt der Entscheidung, vom Entscheidungskomplex und von der Ebene, auf der sie vollzogen wird", abhängig zu machen sind[39]. Diese von *Hahn / Hofmann* vorgeschlagene Differenzierung der Führung müßte notwendigerweise den Ausschließlichkeitsanspruch der führenden Rolle der Partei beeinträchtigen. Sie würde aber dem Grundprinzip sowohl der klassischen[40] als auch der sozialistischen Demokratie — der Beteiligung

---

[36] Vgl. dazu die lesenswerte Analyse von *Cohen, S.*: From Causation to Decision: Planning as Politics, in: The American Economic Review 1970, S. 182 - 184.
[37] In der DDR wurde dieses Prinzip in die Verfassung aufgenommen: Art. 1 I.
[38] *Hahn / Hofmann* S. 1644.
[39] Ebd.
[40] Vgl. hierzu *Naschold, F.*: Organisation und Demokratie, Stuttgart 1969, S. 17 und 73.

der Werktätigen oder Bürger an den wesentlichen Entscheidungen, die sie selbst angehen — sicher eher entsprechen[41].

Auf Umwegen hat die Frage der Führung, der Bestimmung der Entwicklungsziele der Gesellschaft, im Rahmen der Diskussion neuer Planungsmodelle eine besondere Bedeutung erhalten. Die Beziehungen zwischen Planung und Leitungswissenschaft sind sehr eng: Der Plan kann verstanden werden als die Umsetzung der für ein spezifisches Problem zusammengefaßten Ergebnisse der Leitungswissenschaft in Handlungs- und Entwicklungsnormative. Die Verbindung von Leitungswissenschaft und Planung wird besonders deutlich am Beispiel der Prognostik als der Nahtstelle von Leitungswissenschaft und Planung. Trägt die marxistisch-leninistische Ideologie und Philosophie für einen nicht näher bestimmten Zeitraum durchaus eschatologische Züge, so verkürzt die Prognostik[42] die Perspektive auf 25 - 30 Jahre und gewinnt dabei an Realitätsgraden.

Die in einer Planhierarchie zeitlich gestufte Planung — von der Prognostik bis zum Jahresplan — ist in einer dialektischen Vermittlung mit der Leitung sowohl deren Grundlage als auch deren Ergebnis. Das Verhältnis von Leitungswissenschaft und Planung zeigt gewisse Analogien zum Verhältnis zwischen Politologie und wissenschaftlich fundierter Politik. Der Plan gilt als verbindliche normative Regelung, die selbst dann, wenn sie dynamischen Charakter hat, von festgelegten Prämissen ausgehen muß. Hinterfragung und Weiterentwicklung der Prämissen ist Aufgabe der Leitungswissenschaft, die somit über Anpassung hinaus Evolution ermöglicht. Das Problem der Verbindung exakter Normative und langfristiger Entwicklungswahrscheinlichkeiten ist verdichtet in der Prognostik, die weder der eigentlichen Planung zugerechnet werden kann (sie fußt auf Wahrscheinlichkeiten, Trends, nicht auf exakten Gesetzen) noch bloße Philosophie ist (also unverbindliche Sollwerte setzt). Das wissenschaftliche Instrumentarium der Prognostik befindet sich erst am Anfang seiner Entwicklung, doch ist abzusehen, daß die Prognostik zur entscheidenden Grundlage sowohl der Planung als auch der Leitungswissenschaft wird, da sie hinreichend exakt und in der Zeitdimension genügend variabel arbeitet.

Die Prognostik hat — analog zur bürgerlichen Futurologie[43] — die Aufgabe, wissenschaftlich fundierte Aussagen über die wahrscheinlichen Entwicklungstrends, die möglichen und notwendigen Strukturveränderungen der sozialistischen Gesamtgesellschaft und ihrer Teil-

---

[41] Auch *Afanasjew* fordert bei der Ausarbeitung von Entscheidungen eine umfassende Demokratie, eine Betonung der demokratischen Komponente des demokratischen Zentralismus: vgl. S. 289.
[42] Vgl. zur Prognostik allgemein: Politisches Grundwissen, S. 554 f.
[43] Zur Einschätzung der Futurologie vgl. *Bittighöfer / Grundmann*: Zur Kritik der bürgerlichen Zukunftsforschung, in: DZfPh 1970, S. 389 - 406.

systeme wie insbesondere Wissenschaft, Ökonomie, Technik etc. zu machen. Da die erarbeiteten Prognosen nach einem Ausleseverfahren im Ministerrat maßgeblich die Grundzüge des Perspektivplanes und der untergeordneten Pläne bestimmen, liegt auf der Hand, daß die Prognostik ein wichtiges Führungsinstrument ist: Sie macht konkrete Aussagen über die langfristig zu verwirklichenden Ziele und trifft damit den Kernbereich der Führung der Gesellschaft. Die wissenschaftliche Erarbeitung von Prognosen ist fraglos eine nur von Experten durchzuführende Aufgabe[44]. Um so wichtiger wird mithin, wer am Ausleseverfahren der möglichen Entwicklungstrends und an der Entscheidung über die wünschbaren und zu verwirklichenden Prognosen beteiligt ist: Es ist dies bisher nur der Ministerrat und seine Organe. Soweit ersichtlich, gibt es im Rahmen der Leitungswissenschaft keine Untersuchung des Führungsproblems, wie dieses Ausleseverfahren, das den Kurs der Gesellschaft entscheidend mitbestimmt, den Ansprüchen der sozialistischen Demokratie angepaßt werden kann. Auch die Umwälzung des Planungsprozesses durch die Perspektivplanung zeigt, daß mittel- und langfristige Zielvorgaben weitgehend die konkreten kurzfristigen Entwicklungsschritte vorstrukturieren. Das Modell der Perspektivplanung fußt auf dem „Prinzip der Rückrechnung", nach dem die kurzfristigen Aufgaben sich aus umfassenderen, langfristigen Prognosen und Konzeptionen ableiten; sie sind nicht mehr nur Weiterführung aktueller, oft nur empirisch festgestellter Erscheinungen, sondern berechenbare Ableitungen aus wissenschaftlich fundierten Zielsetzungen, die von der Leitungswissenschaft und der Prognostik erarbeitet worden sind (vgl. Schema 1 auf S. 28).

Die Prognose zielt auf den Zeitpunkt P. Von den für P ermittelten Werten für den wissenschaftlich-technischen Fortschritt, die Reproduktionsbedingungen und die strukturellen Veränderungen werden die Hauptkennziffern und Effektivitätsziele für den Perspektivplanzeitraum (PP) abgeleitet; von PP wiederum die Normative für die Zweijahres- und Jahresplanung.

Der Zusammenhang der verschiedenen Planungsstufen zu einem hochkomplexen System der Informationsverarbeitung und Entscheidungsfindung und -durchsetzung bedeutet z. B., daß zentrale und langzeitorientierte Entscheidungen erhebliche Folgewirkungen für das Gesamtsystem haben können. Es wurde daher unerläßlich, einerseits den hierarchisch und sektoral dezentralisierten Sachverstand der betroffenen Bereiche in die Planungsarbeit einzubeziehen und andererseits etwa über eine Verringerung der Plankennziffern, über „Verflechtungsbilan-

---

[44] Aber auch hier besteht die Forderung, den Kreis der Experten nach Möglichkeit auszuweiten: vgl. Politische Ökonomie des Sozialismus, Autorenkollektiv unter Leitung von G. *Mittag*, Berlin (Ost) 1969, S. 333.

Schema 1
Die Umwälzung des Planungsprozesses durch die Perspektivplanung nach *K. D. Wüstneck*, Der kybernetische Charakter des neuen ökonomischen Systems und die Modellstruktur der Perspektivplanung als zielstrebiger, kybernetischer Prozeß, in: DZfPh 1965, S. 5 (bes. S. 21)

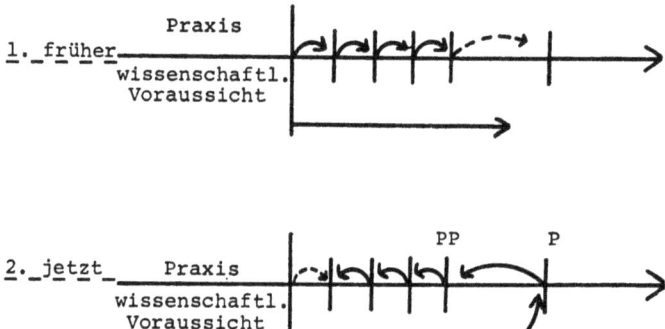

zierungen" und eine Dezentralisierung der Verantwortung das Risiko zentraler Fehlentscheidungen zu reduzieren.

Überblickt man die Literatur, so fällt dennoch auf, daß im Rahmen leitungswissenschaftlicher Erörterungen — mit der wichtigen Ausnahme von *Uwe-Jens Heuer* — die aus der veränderten Planungssituation folgenden Konsequenzen für den Bereich der Führung und personalen Leitung erstaunlich wenig behandelt werden. Dabei fehlt es nicht so sehr an allgemeinen und kaum angreifbaren Aufforderungen zu vermehrter Differenzierung und Dezentralisation als an konkreten Vorschlägen, wie in das zentralisierte Planungssystem demokratische Organisationsprinzipien der Informationssammlung und Entscheidungsfindung eingepaßt werden könnten. Bezogen z. B. auf das Verhältnis von Gesamtwirtschaft und Zweigen formuliert *Fedorenko* das Dilemma so:

„Bei einer Reihe von Optimierungsaufgaben zur Entwicklung einzelner Zweige wurde im Grunde genommen davon ausgegangen, daß die wichtigsten Kennziffern der volkswirtschaftlichen Dynamik ... bereits vorgegeben sind. Die Aufgabe lief dann darauf hinaus, unter den Bedingungen der Minimierung des Ressourcenaufwands oder der Maximierung des Nutzeffekts die Plandaten zu präzisieren und zu konkretisieren ... Indes hängen die Parameter der volkswirtschaftlichen Modelle, auf denen die Berechnung der optimalen Verflechtungen zwischen den Zweigen fußt, wesentlich von den Plänen der Zweige selbst ab und können nicht unabhängig von diesen bestimmt werden[45]."

— und auch er wird nicht konkreter.

---
[45] *Fedorenko* S. 5.

1.3.2. Zur personalen Leitung

Die Verfassung der DDR postuliert in Art. 21 I den Grundsatz: „Arbeite mit, plane mit, regiere mit!" Demnach wäre jeder Werktätige zur Leitung der Gesellschaft berufen. Tatsächlich läßt eine Untersuchung der Demokratiekonzeption zumindest für die Jahre 1963 - 65 den Versuch erkennen, im Rahmen einer funktionalen Differenzierung die Werktätigen an der Leitung der Gesellschaft, insbesondere der Ökonomie, zu beteiligen. Dies geschah, hauptsächlich in der Absicht, die Effizienz der Ökonomie zu steigern; doch trat daneben durchaus die Erkenntnis, daß es ein Ziel der sozialistischen Demokratie für sich sein muß, die objektiv vorhandenen demokratischen Bedürfnisse der Werktätigen zu befriedigen[46]. Noch 1969 schrieb *Sorgenicht*, daß durch die wissenschaftliche Leitung der sozialistischen Gesellschaft die bewußte zielgerichtete Einwirkung der Menschen auf die Gestaltung des gesellschaftlichen Systems des Sozialismus erreicht werden soll[47].

Auch die Leitung im engeren Sinne verlangt, daß (taktische) Entscheidungen getroffen werden. Das sozialistische Prinzip der Einzelleitung[48] impliziert, daß ein einzelner entscheidet und daß er besser entscheidet als ein Kollektiv. Der hierdurch verursachte Verlust an Partizipation, so lautet die lange unangefochten zugrundeliegende Vorstellung, würde aufgewogen durch den Gewinn an Effizienz. *Heuer* war es insbesondere, der im Anschluß an *Nemtschinow* an diesem eingefahrenen Dogma rüttelte[49]. Seine Beweisführung war allerdings nur zeitweise opportun. Unter veränderten Bedingungen für die Demokratiekonzeption schrieb *Loose* 1969, daß Leitung im Sozialismus, also die schöpferische Tätigkeit der Werktätigen nur denkbar sei „unter der Führung der Arbeitklasse und ihrer marxistisch-leninistischen Partei"[50] und verkürzt damit Partizipation wieder auf die Übereinstimmung mit der Linie der Partei.

Auch die personale Leitung berührt Fragen der Herrschaft, wenn auch nicht so zentral wie der Problemkreis der Führung. Unter den Wissenschaftlern der DDR scheint wenig Neigung zu bestehen, über

---

[46] Dies fordert insbesondere *Heuer*; in der BRD ist es insbesondere *Naschold*, der herausstellt, daß Partizipation auch wesentlich einen Zweck in sich selbst darstellt.

[47] Vgl. *Sorgenicht*, K.: Zu den Hauptaufgaben der popoulärwissenschaftlichen Arbeit auf staats- und rechtswissenschaftlichem Gebiet, in: Sozialistische Demokratie, Beilage, Nr. 18/1969, vom 2. 5. 1969, S. 14.

[48] Welches auch *Hahn / Hofmann* für die Leitung beibehalten wollen; vgl. S. 1645.

[49] Vgl. *Heuer:* Demokratie und Recht, S. 110, 174 et passim.

[50] *Loose*, W.: Die marxistisch-leninistische Auffassung vom Systemcharakter der sozialistischen Gesellschaft und ihre Bedeutuig für die staatliche Führungstätigkeit, in: Sozialistische Demokratie, Beilage 46/1969, vom 14. 11. 1969, S. 14.

Fragen der Herrschaft (im eigenen Lande, über Fragen der Herrschaft in der BRD wird ausgiebig geschrieben) im Rahmen der Leitungswissenschaft Untersuchungen anzustellen[51].

1.3.3. Organisation als Problem der Leitungswissenschaft

Um so mehr rückten in den letzten Jahren Fragen der Organisation in den Mittelpunkt leitungswissenschaftlicher Forschungen. Fragen der Organisation sind weitgehend unpolitisch geworden, da ‚Organisation' nicht mehr, wie bei Lenin, ein Kampfmittel zur Erlangung und Festigung politischer Herrschaft ist, sondern in erster Linie Instrument ökonomischer Effizienzsteigerung. Eine Beschränkung leitungswissenschaftlicher Forschung auf Probleme der Organisation läßt sich interpretieren als Beschränkung auf Fragen der *Durchführung* gesellschaftlich relevanter Ziele, während Zielfindung und Zielauswahl nicht behandelt, nicht mit den partizipatorischen Ansprüchen sozialistischer Demokratie konfrontiert werden.

Gerisch / Koziolek / Salecker verstehen unter Organisation die rationelle Strukturierung des entwickelten gesellschaftlichen Systems des Sozialismus mit dem Ziel, eine optimale Steuerung der Gesellschaft zur Verwirklichung der gesetzten Ziele zu erreichen[52]. Wer die Ziele aber setzt und in welchem Verfahren sie gesetzt werden, wird nicht behandelt. Damit sind alle potentiell herrschaftskritischen Implikate der Leitungswissenschaft ausgespart:

„Die marxistisch-leninistische Organisationswissenschaft untersucht die Gesetzmäßigkeiten von Arbeitsteilung, Kooperation und Kommunikation in allen Bereichen des gesellschaftlichen Lebens mit dem Ziel, die Produktivkraft Organisation in vollem Umfang praktisch wirksam werden zu lassen. Ihre Aufgabe besteht darin, ‚die höchste Effektivität in der Arbeit der Partei, der Staatsorgane und der gesellschaftlichen Organisationen in der Durchführung der grundlegenden Parteibeschlüsse, der Planaufgaben und der wissenschaftlich-technischen Revolution zu erreichen' (Ulbricht)[53]."

Diese Bestimmung von Untersuchungsobjekt und Aufgabe der aus der Leitungswissenschaft herausgegriffenen marxistisch-leninistischen Organisationswissenschaft (MLO) steht nicht im Gegensatz zur Konzeption der Leitungswissenschaft. Auch *Galperin / Lebedew* z. B. schreiben, daß Voraussetzung für eine effektive Leitung sozialer Prozesse die Organisierung der entsprechenden leitenden Systeme sei[54]. Aber während sie deutlich machen, daß die Tätigkeit zur Organisierung dieser

---
[51] Vgl. die Polemik *Heuers* in: ND vom 21. 1. 1967, S. 10, „Neue Ökonomie verlangt neues Recht".
[52] Vgl. *Gerisch / Koziolek / Salecker*: Marxistisch-leninistische Organisationswissenschaft bei der Gestaltung des entwickelten gesellschaftlichen Systems des Sozialismus, in: Einheit 1968, S. 816 (817).
[53] Ebd., S. 818.
[54] *Galperin / Lebedew*: Zum Gegenstand, S. 985.

Systeme ein wesentliches Moment (!) der Leitung der Gesellschaft darstellt[55], scheint bei *Gerisch / Koziolek / Salecker* Organisation zum nahezu ausschließlichen Inhalt der Leitung geworden zu sein. Dies wird auch daraus deutlich, daß sie zwar eine dialektische Einheit sehen zwischen der Organisation der gesellschaftlichen Prozesse und der Organisation ihrer Führung und Leitung[56], doch werden Fragen der Führung und Leitung selbst nicht behandelt.

Allerdings könnte dieser Unterschied, wie *Heuer* meint[57], darauf beruhen, daß vornehmlich russische Leitungswissenschaftler Fragen der MLO aufgrund eines engeren Organisationsbegriffes meist als Leitungsfragen behandeln, während die in der DDR entwickelte MLO Probleme der Leitung im weiteren Sinne umfaßt. Während dies für *Heuer* selbst wohl richtig ist, da dieser im Rahmen der MLO auch Herrschaftsprobleme und die Frage der sozialistischen Demokratie aufwirft, zeigt die Arbeit von *Gerisch / Koziolek / Salecker* deutlich die Gefahr, Organisation als rein technische Frage zu behandeln[58].

1.3.4. Leitungswissenschaft und MLO

Die Entwicklung der Leitungswissenschaft ist geprägt durch ihre Entstehung aus und Emanzipation von der Staats- und Verwaltungsrechtswissenschaft[59]. Die Leitungswissenschaft ist insofern vergleichbar mit der Entwicklung der Verwaltungswissenschaft in der BRD (z. B. *N. Luhmann*) oder der politischen Kybernetik in den USA (z. B. *K. Deutsch*). Dagegen war der Ausgangspunkt der Organisationstheorie in erster Linie die Ökonomie[60] und Soziologie[61]. Die MLO hat insofern ihr ‚bürgerliches' Gegenstück in der Betriebs- und Organisationssoziologie (in der BRD z. B. *R. Mayntz*, in den USA z. B. *A. Etzioni*).

Trotz dieser unterschiedlichen Ausgangspositionen scheinen sich die Unterschiede zwischen Leitungswissenschaft und MLO zu verringern, nicht zuletzt deshalb, weil beide Wissenschaften auf die kybernetische Systemtheorie als analytisches Konzept zurückgreifen. *Gerisch / Kozio-*

---

[55] Vgl. ebd.
[56] Vgl. *Gerisch / Koziolek / Salecker* S. 822.
[57] In seiner Arbeit Organisation des Sozialismus, S. 1704, Fn. 9.
[58] Auch *Afanasjew* S. 415 f., warnt hiervor ausdrücklich.
[59] Vgl. dazu den Vorschlag *Laitkos* in: Organisation und Leitung, hrsg. von der Akademie der Wissenschaften der UdSSR, übersetzt und bearbeitet von *Laitko*, Berlin (Ost) 1969, S. 11, Anm. 2, statt ‚Verwaltung' in den Werken *Lenins* den Begriff ‚Leitung' zu verwenden.
[60] So ausdrücklich *Gerisch / Koziolek / Salecker* S. 822.
[61] Insbesondere durch die Anwendung der kybernetischen Systemtheorie, vgl. *Gerisch et al.*, S. 820 und *Bogolepow*: Situation und Entwicklungsaufgaben der allgemeinen Organisationstheorie, in: Organisation und Leitung, S. 39.

lek / Salecker schreiben, daß die kybernetische Systemtheorie deshalb eine so große Bedeutung für die MLO hat,

„weil sie die Beziehungen zwischen Funktion und Struktur untersucht und allgemeingültige Aussagen darüber trifft, welche Bedingungen erfüllt sein müssen, damit sich ein gegebenes bzw. künftig zu gestaltendes System optimal verhalten kann"[62].

Eine inhaltlich gleiche Aussage machen *Galperin / Lebedew* bezüglich der Leitungswissenschaft[63]. Es ist durchaus möglich, anstelle des Begriffes Leitungswissenschaft mit dem Begriff MLO zu arbeiten, ohne daß notwendigerweise die Inhalte unterschiedlich sein müßten. Anstelle der Aufgliederung der Leitungswissenschaft in Führung, personale Leitung und Organisation wäre die MLO dann aufzugliedern in politisch-geistige, soziale und technische Prozesse, die natürlich wieder eng zusammenhängen. Tatsächlich unterscheidet *Heuer* diese drei Ebenen der Organisation und trifft sich darin mit der Auffächerung der Leitung in drei Seiten, die *Afanasjew* vornimmt[64].

Auch nach dieser Umbildung der Begriffe bleibt wesentlich, daß sich Leitungswissenschaft und MLO nicht auf den technisch-organisatorischen Bereich beschränken, sondern auch soziale und politisch-geistige Aspekte umfassen. Beide Wissenschaften müssen auch diese Probleme behandeln, um die Einheit der Leitung und den umfassenden Charakter der Organisation nicht aus dem Auge zu verlieren. Sehr deutlich wird dieser Zusammenhang herausgearbeitet in *Heuers* Untersuchung zur Organisation des Sozialismus, in der er anhand Lenins Arbeit ‚Die nächsten Aufgaben der Sowjetmacht' nachweist, daß für Lenin Organisation „stets umfassende Gestaltung der gesellschaftlichen Beziehungen von Menschen niemals rein ‚technische' Aufgabe" war[65]. Die Notwendigkeit der Organisation entspringt aus den wachsenden Aufgaben des Staates und den komplexer werdenden Anforderungen an die Leitung der Gesellschaft. Darüber darf jedoch nicht vergessen werden, daß die notwendige Entwicklung der Organisation in Einklang zu bringen ist mit der Entfaltung der sozialistischen Demokratie: „Dem Ziel des Sozialismus entspricht die sozialistische Demokratie als umfassende Organisationsform[66]."

Heuer macht mithin deutlich, daß Organisation im Sinne der MLO nicht Fragen der Durchführung vorgegebener Ziele betreffen kann, sondern hineinreichen muß in die Findung und Formulierung der Ziele. Denn, so schreibt er, sozialistische Demokratie ist undenkbar ohne

---
[62] *Gerisch* et al. S. 820.
[63] *Galperin / Lebedew:* Zum Gegenstand, S. 983.
[64] Vgl. *Afanasjew* S. 80 und S. 151.
[65] *Heuer:* Organisation, S. 1703.
[66] *Heuer:* Organisation, S. 1711.

immer breitere Entfaltung der Mitwirkung der einzelnen Werktätigen und ihrer Kollektive[67].

1.3.5. Die Leitungswissenschaft als Instrument zur Verwirklichung einer Demokratiekonzeption

Die Entstehung der Leitungswissenschaft fällt mit den durch die Libermann-Diskussion angestoßenen Wirtschaftsreformen in allen sozialistischen Staaten zusammen. Das in der DDR im Anschluß an den 6. Parteitag (1963) eingeführte NÖSPL war nicht nur Programm für die Reorganisation, Modernisierung und Rationalisierung des ökonomischen Systems, sondern es stellte zugleich qualitativ neue Anforderungen an die Leitung, Koordination und Anpassung der anderen gesellschaftlichen Teilsysteme an das gesellschaftliche Gesamtsystem. Ulbricht formulierte plastisch: „Mit den alten, überholten Methoden kann man doch nicht länger leiten. Wenn sie auch vorübergehend erforderlich waren, jetzt sind sie nicht mehr anwendbar[68]."

Welche neuen Methoden der Leitung erforderlich sind, um eine immer komplexer werdende Gesellschaft optimal zu leiten, ist nur im Zusammenhang mit einer Analyse der Demokratiekonzeption und ihrer Veränderung und Fortentwicklung zu klären. Die Leitungswissenschaft erhält ihr Profil erst durch die konkreten, wenn auch mittel- und langfristigen Anforderungen, die eine bestimmte Konzeption der Demokratie als Gesellschaftsordnung an sie stellt. Die Vorstellung einer sich von selbst einstellenden, naturwüchsigen Vervollkommnung der Demokratie ist schlechte Utopie. Jeder Fortschritt der Demokratie, jede Ausweitung der Mitgestaltung der Betroffenen in den eigenen Angelegenheiten, jede Emanzipation von eingefahrenen Abhängigkeiten muß durchgesetzt werden gegen das Beharrungsvermögen von etablierten Herrschaftsverhältnissen, gegen die oligarchischen Tendenzen der Machtausübung. Die Verfassung der DDR postuliert als Ziel der sozialistischen Demokratie eine immer umfassendere Einbeziehung der Bürger in die Leitung der Gesellschaft, eine Ausweitung demokratischen Mitbestimmens, Mitregierens und Mitplanens. Die Leitungswissenschaft hat hier die Funktion, wirksame Mittel, Methoden und Modelle zur Verwirklichung dieses Zieles zu erarbeiten.

Die Bedeutung der Leitungswissenschaft liegt nicht zuletzt auch darin, daß ihr bisher in bürgerlich-kapitalistischen Systemen ein Gegenstück fehlt, obwohl hier die Vervollkommnung der Demokratie nicht weniger dringlich ist. Dies ermöglicht zumindest theoretisch einen

---

[67] Vgl. *Heuer:* Organisation, S. 1711.
[68] *Ulbricht:* Die Werktätigen stellen höhere Anforderungen an die staatliche Leitung, in: Ulbricht: Probleme der sozialistischen Leitungstätigkeit, Berlin (Ost) 1968, S. 52 (Rede vom 25. 2. 1961).

wissenschaftlichen Vorsprung der entwickelten sozialistischen Systeme auf einem Gebiet, das für die tatsächlichen Lebensverhältnisse der Bürger entscheidend ist. Allerdings ist es notwendig, den ersten kursorischen Überblick über die Entwicklung der Leitungswissenschaft in der DDR durch eine Analyse der Demokratiekonzeption zu ergänzen, um zu einer fundierteren Beurteilung der Bedeutung der Leitungswissenschaft und der Verlagerung ihrer Schwerpunkte zu kommen. Denn erst das Wechselverhältnis von Demokratiekonzeption und Leitungswissenschaft gibt Aufschluß über den Mittelcharakter der Leitungswissenschaft und ermöglicht es, die Leitungswissenschaft und Demokratiekonzeption gleicherweise zugrundeliegenden Zielvorstellungen herauszuarbeiten.

Aufgrund der faktisch überragenden Rolle der Ökonomie für die Stabilität und Entwicklung des gesellschaftlichen Systems wirken sich Änderungen der Demokratiekonzeption direkt auf Funktion und Struktur der Ökonomie aus. Anderseits geht in der Regel die Notwendigkeit zur Änderung der Demokratiekonzeption von der Entwicklung der ökonomischen Verhältnisse und den daraus folgenden Anforderungen an das übergreifende gesellschaftliche System aus. In der vorliegenden Untersuchung wird aus diesem Grunde die Ökonomie weitgehend anstelle der und repräsentativ für die Gesamtgesellschaft betrachtet und andere gesellschaftliche Teilsysteme vorerst außer Betracht gelassen.

2. Die technokratische Konzeption

2.1. Komplexität und Demokratie

Lenin hatte sehr schnell nach der Oktoberrevolution die Umwandlung des ganzen staatlichen Wirtschaftsmechanismus in eine einzige große Maschine gefordert und mit der Notwendigkeit dieser Umwandlung den Übergang von der Arbeiterkontrolle zur Arbeiterverwaltung begründet. Arbeiterverwaltung hieß Ordnung und Disziplin, Einzelleitung anstelle kollektiver Leitung und straffen Zentralismus anstelle einer auf Selbstverwaltung aufbauenden Dezentralisierung, die als ‚Kinderkrankheit der Übergangsperiode' angestempelt wurde. Die Wirtschaft sollte nach einem mechanistisch zentralistischen Organisationsmodell funktionieren wie ein „Uhrwerk"[1].

Uhrwerk und Maschine: diese Vergleiche, die Lenin gebrauchte, um die Organisation der Gesamtwirtschaft darzustellen, kennzeichnen Modelle der Systemsteuerung, die für das Wirtschaftssystem oder gar für das gesellschaftliche System einer modernen Industriegesellschaft unbrauchbar sind. *N. Wiener*, der Begründer der Kybernetik, liefert in einem anderen Zusammenhang die Begründung:

„Wenn das 17. und das frühe 18. Jahrhundert das Zeitalter der Uhren war und das späte 18. und das 19. Jahrhundert das Zeitalter der Dampfmaschinen, so ist die gegenwärtige Zeit das Zeitalter der Kommunikation und der Regelung[2]."

Lenin war gezwungen, bereits im Jahre 1922 im Rahmen der Neuen ökonomischen Politik gerade diese Kriterien der Moderne, Kommunikation und Regelung, in sein wirtschaftspolitisches Konzept aufzunehmen. Er forderte nun, „daß man jeden großen Zweig der Volkswirtschaft auf der persönlichen Interessiertheit aufbauen (müsse)" und verteidigte gegenüber Trotzki die Staatliche Plankommission als ein Gremium von Fachleuten, Experten, Vertretern der Wissenschaft und Technik. Weiter betonte er, daß eine Voraussetzung für die wissenschaftliche Leitungstätigkeit die Bereitschaft sei, Aufgaben von zentralen Organen auf untergeordnete Organe zu delegieren.

---

[1] Vgl. *Lenin*, zit. bei *Heuer:* Demokratie und Recht, S. 27 f.
[2] *Wiener*, N.: Kybernetik, Regelung und Nachrichtenübertragung in Lebewesen und Maschine, 2. Auflage, Reinbek 1968, S. 63.

Für heutige Verhältnisse allerdings genügt auch dies nicht mehr. Die zunehmend problematischer werdende Beziehung zwischen Demokratie als normativem Postulat und Komplexität der entwickelten sozietalen Systeme spiegeln sich in der westdeutschen Diskussion beispielhaft in der Kontroverse zwischen *Naschold* und *Luhmann,* in der DDR-Diskussion in der Kontroverse vor allem zwischen *Uwe-Jens Heuer* und seinen Kritikern.

Die Ausgangsfrage, wie es möglich sei, leistungsfähige, hochdifferenzierte Systeme nach demokratischen Normen zu steuern, beantwortet *Naschold* mit einer Forschungsstrategie, die eine Verbindung von klassisch-demokratischer Norm, analytischem System-Zielmodell und hochkomplexen theoretischen Konzepten anstrebt und deren Erkenntnisinteresse die Realisierung bisher nicht genutzter Demokratisierungspotentiale komplexer Organisationen ist. *Luhmann* dagegen will das Problem grundsätzlich anders fassen: nicht mehr die Frage der *Herrschaft* (wer ist daran beteiligt oder ausgeschlossen) stehe im Vordergrund, sondern das Problem der *Entscheidungsfindung.* Die Positivierung des Rechts, die Machbarkeit von Politik, insgesamt: die wachsende Bedeutung der input-Strukturen für das Finden angemessener politischer Entscheidungen verschiebe das Problem von der Kontrolle politischer Macht — und seiner klassischen Antwort, der Gewaltenteilung — hin zur Bildung von politischer Legitimität und Macht. Gerade die Komplexität der gesellschaftlichen Verhältnisse und die entsprechende Komplexität des politischen Systems habe Demokratie zum universell gültigen normativen Postulat und zur Rechtfertigungsform von Politik schlechthin werden lassen. Auf diese Formel *Luhmanns* ist weiter unten (2.1.2.) noch näher einzugehen.

2.1.1. Demokratischer Zentralismus und technische Revolution

Die ‚Libermann-Diskussion' in der UdSSR führte 1963 in der DDR zur Entwicklung des „Neuen ökonomischen Systems der Planung und Leitung der Volkswirtschaft" (NÖSPL). Dieses setzte nicht nur neue Maßstäbe für den Bereich der Wirtschaft, sondern belebte auch die Diskussion über die Einwirkung der technischen Revolution auf das grundlegende Strukturprinzip der Gesellschaftsordnung der DDR: das Prinzip des demokratischen Sozialismus. Diese Diskussion stand von Anfang an in einem engen Wechselbezug zur Entwicklung der Leitungswissenschaft.

Uwe-Jens Heuer war es insbesondere, der auf der Grundlage der Leninschen Ansichten und Einsichten die Bedeutung des NÖSPL für die projektierte Herrschaftsordnung der Gesamtgesellschaft, die sozialisti-

2.1. Komplexität und Demokratie

sche Demokratie, herausarbeitete[3]. Angelpunkt seiner Überlegungen ist die Verbindung zwischen demokratischem Zentralismus und der Produktionsweise. Die Produktionsweise umfaßt Produktionsverhältnisse und Produktivkräfte. Auch der „Sieg der sozialistischen Produktionsverhältnisse" im Jahre 1960 und der verfassungsrechtlichen Fixierung des sozialistischen Eigentums an den Produktionsmitteln als unantastbare Grundlage der sozialistischen Gesellschaftsordnung (Art. 2 II der Verf. der DDR) änderte nichts daran, daß die sich fortentwickelnde Produktionsweise mit der Entwicklung des demokratischen Zentralismus in ein Regelungsverhältnis zu bringen ist.

Die von Lenin entwickelte Konzeption des demokratischen Zentralismus verbindet seinem Anspruch nach die zentrale staatliche Planung und Leitung mit der eigenverantwortlichen, selbstorganisierenden Partizipation der Werktätigen und ihrer Kollektive[4]. Demokratie und Zentralismus lassen sich aber nur unter der Bedingung zu einer Einheit verbinden, daß individuelle und kollektive Interessen mit den gesamtgesellschaftlichen Belangen in prinzipielle Übereinstimmung zu bringen sind. Die konkrete Art der Verbindung von Demokratie und Zentralismus erst kennzeichnet das Konzept des demokratischen Zentralismus für eine bestimmte Periode unter den Bedingungen einer bestimmten Demokratiekonzeption.

Die Entwicklung des demokratischen Zentralismus, so betont *Heuer*, ist an die Weiterentwicklung der Produktionsweise gebunden, da Zentralismus und Demokratie in der Produktionsweise der sozialistischen Gesellschaft wurzeln. Deshalb müsse jede Weiterentwicklung der Produktivkräfte zu einer Weiterentwicklung der Einheit von Zentralismus und Demokratie führen und umgekehrt müsse jede Weiterentwicklung von Zentralismus und Demokratie daran gemessen werden, wie sie der Entfaltung der Produktivkräfte dient[5].

Die Entwicklung der Produktivkräfte ist geprägt durch die technisch-wissenschaftliche Revolution, also gerade nicht durch eine allmähliche, evolutionäre Entwicklung, sondern durch einen „objektiven Prozeß mit der ganzen inneren Dynamik und Wucht einer Revolution"[6]. Die Ent-

---

[3] Vgl. neben *Heuers* grundlegendem Buch ‚Demokratie und Recht' auch ders.: Demokratie und neues ökonomisches System, in: Forum Nr. 10, 1966, S. 6; ders.: Gesellschaft und Demokratie, in: SuR 1, 1967, S. 907; ders.: Organisation des Sozialismus, in: SuR 1969, S. 1700.
[4] Vgl. Politisches Grundwissen, hrsg. von der Parteihochschule „Karl Marx" beim ZK der SED, Berlin (Ost) 1970, S. 231.
[5] Vgl. *Heuer*: Demokratie und Recht, S. 81; zu einer ähnlichen Beurteilung kommt *Afanasjew*, S. 283.
[6] So die Charakterisierung des Begriffes durch *Ulbricht*: Einige Fragen der Führung in Partei und Staat und die Arbeit mit den Menschen im NÖSPL, in: ders.: Probleme der sozialistischen Leitungstätigkeit, S. 342.

2. Die technokratische Konzeption

wicklung der Automation, der Kybernetik und Elektronik, die „Chemisierung und Mathematisierung der Wirtschaft", die Entdeckung der Produktivkraft Wissenschaft, die intensive Anwendung von Modelldenken und Operationsforschung, von Planungstechniken, die vom Netzplan bis zur Prognostik reichen, von Systemdenken und Strukturanalysen: Dies sind die Elemente eines Prozesses, der einen Strukturwandel der Produktivkräfte und mithin der Volkswirtschaft eingeleitet hat, nicht nur in der DDR[7], sondern in allen modernen Industriestaaten.

Dieser Strukturwandel der Gesamtwirtschaft — und in dessen Gefolge auch der Gesamtgesellschaft — basiert auf der wachsenden Dominanz einer dritten Kategorie neben Materie und Energie: der Information[8].

Da gerade für die Steuerung komplexer Systeme die Sammlung, Leitung und Verarbeitung von Information ein wesentlicher Faktor ist, erhalten Kommunikation und Regelung ein Gewicht, das Lenin bei seiner Bestimmung des demokratischen Zentralismus zwar nicht vorhersehen konnte, das aber andererseits auch nicht in direktem Widerspruch zu seinem in der Periode der NÖP weiterentwickelten Konzept steht. *Heuer* kann daher sehr weitgehend an Lenin anknüpfen und in Hinblick auf eine moderne Systemsteuerung feststellen:

„Mit der Entwicklung des Prinzips der materiellen Interessiertheit und des Prinzips der wirtschaftlichen Rechnungsführung, mit dem Aufwerfen der Problematik des Verhältnisses von Plan und Markt waren die theoretischen und praktischen Voraussetzungen für ein nicht nach dem Prinzip des Uhrwerks, sondern nach dem *Prinzip der Einheit von Leitung und Selbstorganisation gestaltetes System* der sozialistischen Wirtschaftsleitung von Lenin geschaffen worden[9]."

Einheit von Leitung und Selbstorganisation ist eine unproblematische Spezifizierung der Einheit von Zentralismus und Demokratie. Zum Problem wird erst die konkrete Bestimmung des Verhältnisses von Leitung und Selbstorganisation, von Demokratie und Zentralismus, die sich jeweils, wenn nicht dichotomisch, so doch dialektisch entgegenstehen in einem Gewichtungszusammenhang, der unterschiedliche Betonungen erlaubt.

Der Abgrenzungs- und Regelungszusammenhang zwischen Demokratie und Zentralismus wird gleichzeitig von verschiedenen Faktoren be-

---

[7] Vgl. den Leitartikel, Die wissenschaftliche Leistung unserer Partei, in: Einheit 1968, S. 3, bes. S. 6.
[8] Dies betonen *Wiener*, S. 166; *Benjamin*, M.: Informationstheoretische Aspekte der staatlichene Leitung, in: SuR 1965, S. 1288, bes. S. 1295 f. und 1299 f.; *Galperin / Lebedew*: Leitung und Gesellschaft, S. 1627 ff.; zur ‚sozialen Information' vgl. bes. *Afanasjew*, S. 274 ff.
[9] *Heuer*: Demokratie und Recht, S. 82 (Hervorhebung von *Heuer*); ‚Einheit' ist hier scharf abgesetzt von ‚Identität': vgl. *ders*.: Gesellschaft und Demokratie, S. 918 Fn. 12.

2.1. Komplexität und Demokratie

einflußt: der politisch-ideologischen Lage innerhalb des Systems, dem ideologisch-ökonomischen Wettkampf zwischen sozialistischen und kapitalistischen Systemen, der technisch-wissenschaftlichen Revolution, der internationalen Verflechtung und Abhängigkeit der einzelnen Volkswirtschaften, etc. Es scheint, als habe in der ersten Phase des NÖSPL (1963 - 65) die Eigendynamik der technischen Revolution alle anderen Einflüsse dominiert und damit einer auf die Anforderungen der Ökonomie zugeschnittenen Interpretation des Verhältnisses von Demokratie und Zentralismus Vorschub geleistet. Als eine solche Interpretation kann diejenige von *Uwe-Jens Heuer* angesehen werden, obwohl er durchaus das NÖSPL nicht nur technisch-naturwissenschaftlich-ökonomisch, sondern auch politisch-sozial sieht[10].

Heuer erkennt, daß unter den Bedingungen der technischen Revolution in einer hochentwickelten Gesellschaft einerseits die individuelle Entscheidung über den eigenen Bereich nur begrenzt sein kann; andererseits aber müsse die Funktions- und Kompetenzkumulierung der obersten Organe reduziert werden, müsse aus dem ‚Entscheidungsquader' eine Entscheidungspyramide werden, damit sich die schöpferische Initiative der VVB und der Betriebe entfalten kann. Für *Heuer* ist die Frage der Durchsetzung der Entscheidungspyramide zugleich eine Frage der Demokratie, denn die Mitwirkung, die Mitentscheidung der Produzenten ist Bestandteil der Entscheidungspyramide: „Die Frage der Entscheidung ist die Frage der Macht. Demokratie ist die Fähigkeit der Menschen, individuell oder kollektiv über die eigenen Angelegenheiten selbst zu entscheiden, also die Macht auszuüben[11]."

Für *Heuer* hängt mithin die Wirklichkeit der Demokratie vor allem von der Mitwirkung des einzelnen an den kollektiven Entscheidungen ab. Er betont auch, daß die Mitwirkung und Mitentscheidung der Werktätigen kein Hemmnis für die wissenschaftliche Entscheidung ökonomischer Probleme sei. Im Gegenteil, gerade die Mitwirkung und Mitentscheidung der Werktätigen wird seiner Meinung nach einen immer höheren Grad an Wissenschaftlichkeit der Entscheidungen sichern[12]. Dieses komplementäre Verhältnis von Partizipation und wissenschaftlich fundierter Effizienz betrachtet *Heuer* nicht nur als Möglichkeit, sondern als Notwendigkeit angesichts der wachsenden Komplizierung und Differenzierung der gesellschaftlichen, insbesondere ökonomischen, Prozesse. Wenn die Qualifikation und das Selbstbewußtsein der Arbeiter wachsen, wenn die qualitativ hochstehenden und sehr differenzierten Bedürfnisse von Millionen Menschen befriedigt werden sollen, wenn es erforderlich ist, schnell auf eine sich dynamisch entwickelnde Wissen-

---
[10] Vgl. *Heuer:* Gesellschaft und Demokratie, S. 148.
[11] *Heuer:* Gesellschaft und Demokratie, S. 174.
[12] Vgl. *Heuer:* Gesellschaft und Demokratie, S. 178.

schaft zu reagieren und ihre Ergebnisse in kurzer Zeit in der gesellschaftlichen und ökonomischen Praxis anzuwenden und wenn noch die Notwendigkeit hinzukommt, sich den Schwankungen des kapitalistischen Marktes unverzüglich anzupassen, dann, so schreibt *Heuer*, muß die Selbstorganisation einen sehr entscheidenden Platz einnehmen[13].

Sieht man in der Selbstorganisation der Teilsysteme, in der eigenverantwortlichen individuellen oder kollektiven Selbstentscheidung über die eigenen Angelegenheiten eine wesentliche Bedingung von Demokratie, so läßt *Heuer* hier anklingen, was *Naschold* später zu der These verdichtet hat, Komplexität erfordere Demokratie, wie umgekehrt Demokratie unter modernen Bedingungen auf Komplexität angewiesen sei[14].

Gerät *Heuer* damit nicht in Gefahr, die Rolle des Zentralismus im Gegensatz zur Entwicklung der Demokratie zu sehen? Er scheint sich dieser Gefahr bewußt zu sein, denn immer wieder betont er die notwendige, wenn auch widersprüchliche Einheit von Zentralismus und Demokratie, um seine Ausführungen über die demokratischen Wirkungen des NÖSPL richtig zu gewichten, um deutlich zu machen, daß er den demokratischen Zentralismus als grundlegendes Strukturprinzip der sozialistischen Demokratie nicht in Frage stellt. Zentralismus beinhaltet nach *Heuer* den grundsätzlichen Primat der gesamtgesellschaftlichen Interessen und die zentrale Entscheidung der Grundfragen. Um aber die gesellschaftlichen Interessen in jedem konkreten Einzelfall richtig zu bestimmen, um die zentralen Entscheidungen auf die Grundfragen beschränken zu können, ist es seiner Meinung nach notwendig, die eigenständige Berechtigung und Objektivität auch der individuellen und kollektiven Interessen anzuerkennen und durch subjektive Rechte abzusichern[15]. Dies erst ermögliche echtes Schöpfertum der Massen in der Produktion und Mitplanen und Mitregieren der Werktätigen: mithin Demokratie. Diese Deutung von Zentralismus und Demokratie schließt ihr Verständnis als mechanistische Einheit aus. *Heuer* wendet sich scharf gegen die Fiktion einer Identität von Demokratie und Zentralismus und betont deren dialektisch-widersprüchliche Einheit, welche sich darin ausdrücke, daß die zentrale Leitung der Wirtschaft ebenso sehr der Entfaltung der Demokratie bedürfe, wie die Entfaltung der Demokratie der zentralen Leitung der Wirtschaft[16].

---
[13] Vgl. *Heuer*: Gesellschaft und Demokratie, S. 110; sinngemäß ebenso *Hahn / Hofmann*: Zum komplexen Charakter der Führung, S. 1645 f.
[14] Vgl. *Naschold*: Demokratie und Komplexität, S. 510 und *ders.*: Demokratie wegen Komplexität, S. 326.
[15] Vgl. *Heuer*: Demokratie und NÖS, S. 7/8 und *ders.*: Entwickeltes gesellschaftliches System des Sozialismus und Wirtschaftsrecht, in: VS 1967, S. 641 ff. (647).
[16] Vgl. *Heuer*: Demokratie und NÖS, S. 8; Recht und Demokratie, S. 140; vgl. auch *Ellweit / Strobel / Winkler*: Teilnahme der Werktätigen an der

Sozialistische Demokratie als Herrschaftsordnung hochkomplexer Systeme verlange ein Modell der Systemsteuerung, das die zentrale Planung und Leitung in den Grundfragen gewährleistet, ohne die Vielfalt der Interessen auf eine fiktive Einheit zu reduzieren. Nur wenn die Möglichkeit objektiv begründeter Interessendivergenzen (z. B. zwischen Arbeiter und Betrieb, VEB und VVB, zwischen Lieferer und Empfänger, Handelsorganen und örtlichen staatlichen Organen, Kombinaten und Handelsbanken) anerkannt wird, entsteht der Zwang, juristische Regelungen und Kompetenzabgrenzungen zu schaffen, die die Lösung der Widersprüche in geordneten, stabilisierenden Verfahren ermöglichen. Kompetenzabgrenzungen wiederum sind Voraussetzung der relativen Autonomie der Subsysteme, ohne die gesellschaftliche Komplexität, Selbstorganisation und innovative Dynamik von Wissenschaft und Wirtschaft undenkbar sind.

2.1.2. Demokratie, Planung und Selbstorganisation

In den Begriffen der kybernetischen Systemtheorie hat interne funktionale Differenzierung komplexer Systeme zum Ziel, das Gesamtsystem dadurch stabiler und leistungsfähiger zu machen, daß die Subsysteme Störungen bis zu einem gewissen Grad selbst auffangen und eigentätig ausregeln. In allen Gesellschaften, die unter den Leistungsimperativen optimaler ökonomischer Zuwachsraten stehen — und das sind alle modernen Industriegesellschaften, unabhängig von der ideologischen Orientierung[17] —, wirkt ein starker Evolutionsdruck zur Ausbildung spezialisierter Subsysteme. Eine sich selbst potenzierende Wissenschaft und Technologie und die immer schnellere Umsetzung ihrer Erkenntnisse in gesellschaftliche Realität[18], die „technisch-wissenschaftliche Revolution" also, bewirkt einen Strukturwandel des gesellschaftlichen Systems, der eine radikale Neuorientierung der Herrschaftsordnung erfordert: Die herrschenden Demokratiekonzeptionen müssen weiterentwickelt werden zu einem Demokratiekonzept moderner, komplexer politischer Systeme.

N. Luhmann, der diese Schlußfolgerung zieht, begründet die Notwendigkeit einer Neuorientierung vor allem mit „der Veränderung der

---

Planung und Leitung, in: SuR 1965, S. 1302, bes. S. 1303 und *Gräbner, B. / Müller, P.*: Das Prinzip des demokratischen Zentralismus und das Dilemma seiner Kritiker, in: SuR 1978, S. 27 ff.

[17] Vgl. für die DDR *Ulbrichts* Definition des gesellschaftlichen Interesses: „Das objektive Interesse der Gesellschaft, der Bürger unserer Republik in ihrer Gesamtheit besteht darin, gemeinsam einen höchstmöglichen Zuwachs an Nationaleinkommen zu schaffen und seine zweckmäßige Verwendung zu sichern", zit. bei *Heuer*: Demokratie und NÖS, S. 7.

[18] Nach *Eichhorn, I.*: Wissenschaft und Sozialismus, in: Einheit 1969, S. 913 (914) betrug vor 50 Jahren die Zeitspanne zwischen der Gewinnung von Grundlagenerkenntnissen und ihrer technischen Nutzung etwa 20 Jahre; heute ist sie auf 3 - 4 Jahre geschrumpft.

Bedingungen für die Zentralisierbarkeit von Entscheidungsleistungen"[19]. Er erhebt unter den Bedingungen wachsender und zu erhaltender Komplexität Demokratie zum universell gültigen normativen Postulat und zur Rechtfertigung von Politik schlechthin. Mit dieser globalen These verwischt er aber die unterschiedlichen Ausgangspositionen von kapitalistisch-liberaler und sozialistischer Demokratie[20]. In ein vereinfachendes Schema gepreßt kann man den Unterschied darin sehen, daß das sozialistische System durch die Betonung des Kollektivs vom Ganzen ausgeht und durch wachsende Komplexität gezwungen ist, Entscheidungskompetenzen und Mitwirkungsrechte nach ‚unten' zu verlagern, um als Gesamtsystem funktionsfähig zu bleiben. Das kapitalistisch-liberale System, das von den Interessen und der Eigenständigkeit des Individuums ausgeht und in der liberalen Auffassung herkömmlicher Art kein Gemeininteresse kennt, ist gezwungen, Integrationsverfahren zu entwickeln, um als Gesamtsystem überlebensfähig zu sein.

Interne funktionale Differenzierung gesellschaftlicher Systeme bringt Folgeprobleme mit sich, die kapitalistische und sozialistische Systeme unterschiedlich belasten: Die Differenzierung in immer mehr relativ autonome Subsysteme mit spezialisierten Funktionen zersplittert die Gesellschaft in eine ‚pluralistische' Menge von Teilsystemen, die in Verfolgung ihrer eigenen Interessen zentrifugale Tendenzen aufweisen. Die Notwendigkeit der Orientierung der Subsysteme auf die Interessen und Zielwerte der Gesamtgesellschaft stellt kapitalistische Systeme vor die Aufgabe, parallel und gegengewichtig zur internen Differenzierung Mechanismen der gesamtgesellschaftlichen Integration zu schaffen, durch die die Auswüchse und Pervertierungen liberaler Freiheit im Interesse sozialer Mitwirkungs- und Chancengleichheit ausgeschaltet werden können[21].

Kapitalistische Systeme sind gekennzeichnet durch eine Interessenanarchie, in der der wirtschaftlich Stärkere seine Interessen weithin ohne Rücksicht auf die Belange der Gesamtgesellschaft durchsetzt: Weiterhin wird aufgrund privaten Profits die Umwelt ruiniert, lebensgefährliche ‚Medikamente' in Umlauf gebracht und unterprivilegierte Gruppen von den wenigen Verfügenden objektiv ausgebeutet. Die Bedürfnisse der kapitallosen und unorganisierten Bevölkerung finden so

---

[19] *Luhmann:* Komplexität und Demokratie, in: ders., Politische Planung, Opladen 1971, S. 35 ff. (S. 38); vgl. zum Diskussionsstand *Naschold,* F.: Demokratie und Komplexität, in: PVS 4, 1968, S. 494 ff.; ders.: Demokratie wegen Komplexität, in: PVS 5, 1969, S. 325 ff.; *ders.*: Organisation und Demokratie, Stuttgart 1969; *Luhmann,* N.: Macht, Stuttgart 1975, bes. S. 90 ff.; *ders.*: Soziologische Aufklärung 2, Opladen 1975, S. 15 ff.
[20] Vgl. dazu auch *Heuers* Rezension von *Dahrendorfs* Buch ‚Gesellschaft und Demokratie in Deutschland', 1965, in: SuR 1967, S. 907, bes. S. 911 f.
[21] Vgl. hierzu *Huffschmid,* J.: Die Politik des Kapitals, Konzentration und Wirtschaftspolitik in der BRD, Frankfurt/M. 1969, S. 100 f. und S. 134 f.

wenig Berücksichtigung wie soziale Einrichtungen, die keinen unmittelbaren Profit abwerfen: das Bildungssystem, Krankenhäuser, Kindergärten, die Umwelt, die Infrastruktur[22]. Kapitalistische Systeme benötigen daher nichts dringender als Steuerungsinstanzen, die die übergreifenden gesellschaftlichen Interessen gegenüber den Profitinteressen einzelner Kapitalisten oder Kapitalgesellschaften wahren. Während man lange Zeit glaubte, dies mit Hilfe des Rechts bewerkstelligen zu können, gerät dieser Glaube jetzt ins Wanken[23]. Das Parlament herkömmlicher Art ist dazu nicht in der Lage, was sich exemplarisch daran zeigt, daß die sich auch in kapitalistischen Systemen stark entwickelnde gesamtgesellschaftliche Planung außerhalb des Parlaments vollzieht.

Ganz anders stellt sich das Problem für sozialistische Systeme. Dort verwenden ideologisch ausgerichtete Einparteiensysteme (dazu gehört faktisch auch die DDR, auch wenn die Nationale Front theoretisch aus mehreren Parteien besteht) die marxistisch-leninistische Ideologie als integrierendes Programm, das vom Strukturprinzip des demokratischen Zentralismus geprägt ist. Die Notwendigkeit der Bildung relativ autonomer Subsysteme — wie in der DDR z. B. Betriebe, Kombinate, VVB, Prognostikgruppen beim Ministerrat, Forschungsinstitute oder Planungsorgane — erfordert eine Auflockerung des Zentralismus in Form einer Dekonzentration der Entscheidungskompetenzen. Anstelle der fiktiven Interessenidentität muß, wie *Heuer* fordert, die Erkenntnis treten, „daß die gesellschaftlichen, kollektiven und individuellen Interessen nicht immer und stets übereinstimmen"[24].

Die herkömmliche Interpretation des demokratischen Zentralismus in sozialistischen Systemen ließ keinen Raum für Interessendivergenzen. Erst *Libermanns* Forderung, „was der Gesellschaft nützt, muß auch jedem Betrieb nützlich sein" und deren Übernahme und Ausdehnung auf den einzelnen im Parteiprogramm der SED[25] eröffneten die Möglichkeit, Interessenwidersprüche offen auszusprechen. Eine postulierte Interessenidentität, etwa im Verhältnis Arbeiter—Betrieb, bedeutet die faktische Unterordnung der individuellen Bedürfnisse unter die Anforderungen des Betriebes, genauer: des Betriebsleiters und die normativen Kennziffern des Planes. Dies reduziert die motivierende Treibkraft für schöpferische Leistungen auf die ideologische Orientierung, auf die

---

[22] Vgl. *Lenk*, K.: Aspekte der gegenwärtigen Planungsdiskussion in der BRD, in: Gesellschaft, Recht und Politik, W. Abendroth zum 60. Geburtstag. Neuwied/Berlin 1968, S. 185; *Offe*, S.: Strukturprobleme des kapitalistischen Staates, 2. Aufl., Frankfurt 1973, passim.
[23] Vgl. *Luhmann*, N.: Positives Recht und Ideologie, in: Archiv für Recht und Sozialphilosophie, 1967, S. 531 (565).
[24] *Heuer:* Demokratie und NÖS, S. 7.
[25] „Alles, was der Gesellschaft nützt, muß auch für den Betrieb und für den einzelnen Werktätigen vorteilhaft sein." zit. bei *Heuer* S. 7.

reichlich abstrakte Formel, ‚am Aufbau des Sozialismus beteiligt zu sein'. Daß dies als individuelle Motivation in einer komplexen leistungsorientierten Industriegesellschaft nicht genügt, haben empirische Untersuchungen in der UdSSR und der DDR deutlich gezeigt: Danach waren die motivierenden Faktoren in erster Linie die Anforderung der Arbeit an das Denken, eine der tatsächlichen Leistung entsprechende Bezahlung, sowie eine selbständige, verantwortungsvolle und abwechslungsreiche Arbeit[26].

Konsequent leitet *Heuer* hieraus die Forderung ab, daß die materielle Interessiertheit und die demokratischen Bedürfnisse der Werktätigen als objektiver Faktor im Rahmen der wissenschaftlichen Wirtschaftsführung Anerkennung finden müßten. Mithin stehen komplexe sozialistische Systeme vor dem Problem, gegengewichtig zum prinzipiellen Vorrang gesellschaftlicher Interessen gegenüber den Interessen eines einzelnen oder eines Kollektivs, diese gesellschaftlichen Interessen im konkreten Einzelfall so abzustimmen, daß eine differenzierte Berücksichtigung widersprüchlicher individueller oder kollektiver Interessen möglich bleibt. Die Bewältigung der technisch-wissenschaftlichen Revolution, die Entwicklung sozialistischer gesellschaftlicher Verhältnisse, welche die Entfaltung der Schöpferkräfte der Menschen ermöglichen, sowie die durch wachsende Komplexität veränderten Bedingungen für die Zentralisierbarkeit von Entscheidungsleistungen erfordern daher Mechanismen der gesellschaftlichen Differenzierung, der Ausbildung von Subsystemen mit eigenen Kompetenzen und eigener Verantwortung. Gerade hierin sieht *Heuer* die Voraussetzung für die Selbstorganisation der jeweiligen Teilsysteme[27].

Das NÖSPL hat hier wesentliche Veränderungen eingeleitet: Das neu geschaffene „System der ökonomischen Hebel"[28] soll das materielle Interesse der Arbeiter als innerer Motor der betrieblichen Selbstorganisation mit den gesellschaftlichen Interessen vereinen. Durch das Aus-

---

[26] Vgl. *Puschmann / Schirrmeister*: Konkrete Sozialforschung im sozialistischen Betrieb — Bestandteil wissenschaftlicher Leitungstätigkeit, in: Einheit 1964, Heft 3, S. 29, bes. S. 35, Fn. 7; *Hahn*, T.: Arbeitsfreude — eine soziologische Studie, in: Einheit 1965, Heft 1, S. 39, bes. Tabelle S. 40; *Heuer*: Demokratie und Recht, S. 171.
[27] Vgl. *Heuer*: Demokratie und Recht, S. 109; ein anderes Verständnis von Selbstorganisation hat *Benjamin*: „Staatliche Führung *ist* Selbstorganisation, und zwar auf allen Ebenen." *Benjamin*, M.: Kybernetik und staatliche Führung, SuR 1967, S. 1236.
[28] Die Richtlinie für das NÖSPL vom 11. 7. 1963 definiert: „Ökonomische Hebel sind gesetzmäßige Beziehungen zwischen den objektiven gesellschaftlichen Erfordernissen und den materiellen Interessen der Menschen, die direkt oder indirekt wirken und durch ihre jeweilige Gestaltung die Werktätigen zu einem bestimmten wirtschaftlichen Verhalten anregen." Vgl. Richtlinie für das NÖSPL, 4. Aufl., Berlin (Ost) 1965, S. 49; vgl. dazu jetzt auch *Matho*, F.: Planung und ökonomische Stimulierung, Einheit 28, 1973, S. 293 ff.

2.1. Komplexität und Demokratie

nutzen der materiellen Interessiertheit der Arbeiter führt das System der ökonomischen Hebel durchaus zu einem gewissen Automatismus der Leitung, der in diesem Bereich zentrale Leitung überflüssig macht und ihn einer gewissen Eigendynamik überläßt[29]. Eine in diesem Bereich dem liberalen Markt analoge Selbstregulierung erlaubt einen differenzierten Mechanismus individueller Interessenbefriedigung bei gleichzeitiger Steigerung der Arbeitsproduktivität[30].

So, wie das System der ökonomischen Hebel der materiellen Interessiertheit der Werktätigen entgegenkommt, so sollen Strukturveränderungen und Dekonzentration der Planung die demokratischen Bedürfnisse der Individuen befriedigen und sie zu schöpferischer Mitarbeit anregen. Die Ursache des Wandels liegt auch hier in den veränderten Bedingungen für die Zentralisierbarkeit von Entscheidungsleistungen. Auch mit Hilfe von EDV-Anlagen kann ein immer komplexer werdendes System nicht ‚auf die letzte Schraube' geplant werden[31]. Eine derartige Totalplanung müßte in einem komplexen interdependenten System dazu führen, daß sich jede Störung sofort über das gesamte System ausbreitet und eine Kettenreaktion auslöst. Nur wenn die ausdifferenzierten Subsysteme in der Lage sind, aufgrund ihrer relativen Autonomie bestimmte Störungen selbst zu beheben — und dies bedingt eine selbständige Auseinandersetzung mit der Umwelt und mit internen Problemen — erhält das Gesamtsystem die notwendige Stabilität.

Relative Autonomie der Subsysteme beinhaltet Selbstorganisation und Selbstentscheidung bezüglich der eigenverantwortlich durchzuführenden Aufgaben. Hierin liegt ein demokratisches Element, welches auch auf die Planung einwirkt. Durch das NÖSPL wurde die Planung zeitlich gestuft in die langfristige Prognostik (25 - 30 Jahre), die mittelfristige Perspektivplanung (5 Jahre) und die Jahresplanung; und sie wurde institutionell gestuft in eine der Leitungspyramide parallel laufende Planungspyramide. Die zentralen Planungs- und Leitungsorgane wie Staatsrat, Ministerrat oder die Staatliche Plankommission sind unter den Bedingungen der technisch-wissenschaftlichen Revolution nur noch dann arbeitsfähig, wenn sie sich auf die Hauptprozesse und die

---
[29] Vgl. *Heuer:* Demokratie und Recht, S. 132 und 147; nach § 8 VII der VO über Prämienfonds 1969/70 vom 26. 6. 68 können Werktätige als Jahresendprämie den Betrag von einem halben bis zu 2 Monatsgehältern bekommen.
[30] Vgl. *Ulbricht* S. 346; *Stoph,* W.: Aufgaben und Arbeitsweise des Ministerrats im NÖSPL, Berlin (Ost) 1964, S. 19.
[31] Zur Verdeutlichung: noch 1967 mußten die VEB für die Ausarbeitung des Volkswirtschaftsplans 1968 sieben verschiedene Vordrucke verwenden und etwa 940 numerische Angaben erarbeiten. Für den Volkswirtschaftsplan 1969 waren noch 167 Kennziffern als Planinformation vorgegeben mit maximal 391 numerischen Angaben: vgl. *Bretschneider,* H.: Neue ökonomische Regelungen und ihr Echo in unseren Betrieben, in: Einheit 1968, S. 966 (970).

wichtigsten Proportionen konzentrieren[32]. Aufgrund weniger zentral vorgegebener Richtdaten übernehmen dann die Teilsysteme die Planung des eigenen Führungsbereiches.

Diese Dekonzentration der Planung erlaubt im Zusammenspiel mit dem System der ökonomischen Hebel ein differenziertes und flexibles Organisationsmodell der ökonomischen und gesellschaftlichen Leitung. Es ermöglicht (als Modell) Initiative und Partizipation der Werktätigen, eine Betonung des Sachverstandes und die Geltendmachung divergierender Interessen[33]. Für die praktische Durchsetzung des Modells in der DDR war die Frage vordringlich, wie die in Verfassungsrang erhobenen Prinzipien des demokratischen Zentralismus (Art. 47 II) und der zentralen staatlichen Planung und Leitung (Art. 9 III) mit Prozessen der Selbstorganisation in Übereinklang gebracht werden könnten. Es wurden Befürchtungen laut, daß diese durch die wissenschaftlich-technische Revolution entfalteten Prozesse „das Managertum unterstützen, unsozialistische Verhaltensweisen fördern, die politische Denkweise schwächen und die demokratischen Rechte der Werktätigen einschränken würden"[34]. Die führende Rolle der Partei und mithin der Primat der Politik schienen durch die Tendenzen zu einer marktorientierten Selbstregelung und durch die von der technisch-wissenschaftlichen Revolution diktierten Dekonzentration der Planungs- und Entscheidungskompetenzen bedroht. Zwar sieht *Heuer* diese Gefahr, doch ist er in beeindruckender Konsequenz der Meinung, daß dies nicht dazu führen dürfe, „daß aus Furcht vor bestimmten politisch-sozialen Konsequenzen des Überganges zur ökonomischen Leitung der Rückweg zum administrativen Leitungssystem gesucht und damit der ökonomische Mindereffekt der Maximalplanung in Kauf genommen wird"[35].

2.2. Die ökonomischen Aufgaben der Politik

Diese Bemerkung *Heuers* macht deutlich, daß die ökonomische Effektivität einen Rang einnimmt, welcher den Primat der Politik nur noch als formales Zugeständnis erscheinen läßt. Die Erfordernisse optimaler ökonomischer Ergebnisse bestimmen das projektierte Leitungsmodell, nicht ein vielleicht ideologisch-politisch wünschbarer strafferer Zentralismus. *Heuer*, der sich auf die ambivalenten Aussagen *Lenins*[36] bezieht,

---

[32] Vgl. *Ulbricht* S. 349 und *ders.*; zit. bei *Heuer*: Demokratie und Recht, S. 111.
[33] Vgl. *Heuer*, U.: Wissenschaftliche Wirtschaftsführung und sozialistisches Recht, in: SuR 1964, S. 985 (993); *Afanasjew*, S. 197.
[34] *Heuer*: Demokratie und Recht, S. 147.
[35] *Heuer*: Demokratie und Recht, S. 147.
[36] *Lenin* am 25. 1. 1921: „Die Politik hat notwendigerweise das Primat gegenüber der Ökonomik." (Werke, Bd. 32, S. 73); am 3. 11. 1920: „Unsere

2.2. Die ökonomischen Aufgaben der Politik

betont, daß die These vom Primat der Politik nur die Frage beantworte, welches die Rolle der politischen Kräfte bei den gesellschaftlichen Veränderungen sei; sie gebe aber keine Antwort auf die Frage, welche Ziele diesen Kräften gesetzt seien, welche Kriterien für ihre Tätigkeit gälten[37].

Damit ist Politik weitgehend darauf reduziert, die objektiven ökonomischen Gesetze bewußt durchzuführen. Während in der Anfangsphase der Industrialisierung die Bestimmung dieser objektiven Gesetze durch politische Entscheidungen vielleicht möglich war (z. B. *Stalins* Programm der Schwerindustrie), scheint dies unter den Bedingungen der technisch-wissenschaftlichen Revolution zweifelhaft. Die Eigendynamik der ökonomischen Entwicklung läßt der Politik (hier im Sinne der Parteipolitik) immer weniger Raum für Entscheidungen.

Heuer kann sich daher zwar formal auf Formulierungen *Lenins* berufen, doch erhalten dieselben Formulierungen — im Jahre 1965 oder 1970 ausgesprochen — eine ganz andere inhaltliche Bedeutung. *Heuer* steht mit diesem Verständnis des Primats der Politik, der inhaltlich ein Primat der wirtschaftlich-wissenschaftlichen Entwicklung ist, nicht allein. Insbesondere *Ulbricht* hat in der Anfangsphase des NÖSPL immer wieder die Bedeutung der wirtschaftlichen Expansion betont und den Einsatz der modernsten Mittel, Methoden und Denkweisen gefordert. Tempo, Qualität und das „Erreichen des Weltniveaus" waren die Ziele, die durch Ausnutzen der materiellen Interessiertheit und der demokratischen Bedürfnisse der Werktätigen erreicht werden sollten[38].

Ulbrichts Definition des gesellschaftlichen Interesses zeigt besonders deutlich die Dominanz wirtschaftlicher Aspekte. Höhepunkt dieser am faktischen Primat der Ökonomie orientierten Entwicklung war der von *Ulbricht* (in Anlehnung an das russische Modell) forcierte Übergang zur „Leitung der Parteiarbeit nach dem Produktionsprinzip" aufgrund der Beschlüsse des 6. Parteitags der SED. Die Gliederung der Partei durch das Territorialprinzip (Zentrale, Bezirke, Kreise, Städte, Gemeinden) wurde ergänzt durch die Organisation nach Produktionsbereichen (Industrie, Bauwesen, Landwirtschaft, etc.), um die Schwerpunkte der Parteiarbeit von der ideologisch-politischen Arbeit auf die Lösung konkreter wirtschaftlich-technischer Probleme verlagern zu können. *Ulbricht* hielt

---

Politik muß jetzt hauptsächlich der wirtschaftliche Aufbau des Staates sein." (Werke, Bd. 31, S. 365), beide Zitate bei *Heuer*, Demokratie und Recht, S. 152 f.; noch deutlicher ist *Lenins* Aussage, daß das Wesen des Überganges von der kapitalistischen zur sozialistischen Gesellschaft darin bestehe, „daß die politischen Aufgaben einen untergeordneten Platz im Vergleich zu den ökonomischen Aufgaben einnehmen.", zit. bei *Heuer*, Wissenschaftliche Wirtschaftsführung..., S. 988.

[37] Vgl. *Heuer:* Demokratie und Recht, S. 154.
[38] Vgl. *Ulbricht* S. 332 f. et passim.

diesen Übergang für eine Entwicklung von ausschlaggebender Bedeutung[39].

Die veränderten Bedingungen infolge der raschen Entwicklung von Ökonomie, Technologie und Wissenschaft schienen einen Anpassungsdruck zu erzeugen, dem sich das politische System nicht entziehen konnte. Schrittmacher der gesellschaftlichen Evolution war die Wirtschaft, nicht die Politik der Partei.

2.2.1. Wirtschaftliche Gesellschaft und Technokratie

Dem faktischen Primat der Wirtschaft entspricht eine überwiegend ökonomisch orientierte Wissenschaft von der Leitung der Gesellschaft und eine Demokratiekonzeption, die im wörtlichen Sinne technokratisch genannt werden kann. Technokratie heißt die Instrumentalisierung der Politik zu ökonomisch-technologischen Zielen und die Organisation der politischen Prozesse nach ökonomischen Kriterien wie Kostenminimierung, Effizienzsteigerung und Outputmaximierung. Diese Definition ist insofern neutral, als sie keine Aussagen darüber macht, welche spezifischen Ziele von der Politik durchzusetzen sind. Sie erlaubt daher eine deutliche Unterscheidung zwischen sozialistischer und kapitalistischer Technokratie. Sozialistische Technokratie setzt möglicherweise gesamtgesellschaftlich relevante ökonomische Ziele politisch durch, weil die wesentlichen Produktionsmittel vergesellschaftet sind, also eine Verbesserung z. B. der Infrastruktur oder der strukturbestimmenden Erzeugnisse oder der Arbeitsproduktivität sich auf die Wirtschaft insgesamt auswirkt und mithin tendenziell allen Werktätigen in einer symetrischen Verteilung zugute kommt. Kapitalistische Technokratie dagegen setzt systembedingt die Interessen des Kapitals politisch durch und erhält damit z. B. bei der Kapitalverteilung in der BRD einen scharf anti-demokratischen Akzent[40]. Dies übersieht *Luhmann* in seiner fiktiven Gleichsetzung von Technokratie und Demokratie völlig[41].

Luhmann beobachtet richtig — und zwischen dem 6. und 7. Parteitag der SED auch für die DDR zutreffend — daß in modernen, hochkomplexen Industriegesellschaften das politische Teilsystem der Gesell-

---

[39] Vgl. *Ulbricht* S. 244; vgl. hierzu auch *Mittag*, G.: Zur weiteren Vervollkommnung der Parteiarbeit nach dem Produktionsprinzip entsprechend den Beschlüssen der 5. Tagung des ZK, in: Einheit 1964, Heft 4, S. 16 (17); *Ludz*, P.: Parteielite im Wandel, 2. Aufl., Köln/Opladen 1968, S. 74 ff.; *ders.*: Politische Aspekte der kybernetischen Systemtheorie in der DDR, in: DA 1968, S. 1(1).
[40] Vgl. bes. *Huffschmid* S. 56 ff. et passim; die Zahlen bei *Augstein*, R.: Warten auf Aurora, in: Der Spiegel Nr. 25 vom 16. 6. 1969, S. 24; *Koubek* u. a.: Wirtschaftliche Konzentration und gesellschaftliche Machtverteilung in der BRD, in: Das Parlament, Beilage B 28/72 v. 8. 7. 1972.
[41] Vgl. *Luhmann*: Komplexität, S. 37.

2.2. Die ökonomischen Aufgaben der Politik

schaft (d. h. die Partei oder die Parteien) seine führende Stellung an die Wirtschaft abgibt und sich primär wirtschaftlichen Problemstellungen unterordnet. Er vermutet die Ursache in einer Steigerung der Komplexität der Gesellschaft, die es erforderlich mache, den Primat dem Teilsystem zu überlassen, das am ehesten in der Lage ist, sehr hohe Komplexität zu erhalten[42]. Der *Luhmann* von *Naschold*[43] vorgeworfene verkürzte Demokratiebegriff zeigt sich exemplarisch an *Luhmanns* Einschätzung dieses Prozesses: Er stellt erleichtert fest, daß in hochentwickelten Industriegesellschaften „nicht mehr ernsthaft befürchtet werden kann", daß die Politik den Charakter der Gesellschaft bestimmt; ja, er warnt gar, daß die Gefahr jetzt „in jenen unzivilisierten Versuchen (bestehe), gegen die Entwicklung der Gesellschaft die Überordnung der Politik über die Wirtschaft wiederherzustellen"[44]. Auch abgesehen davon, daß hier gar nicht erst versucht wird, als Konsequenz die Rolle der Politik neu zu durchdenken, muß doch gerade an diesem Punkt erheblich differenziert werden:

Ist der staatlich-politische Bereich (wie in westlichen parlamentarischen Demokratien) seinem Anspruch nach demokratisch strukturiert — z. B. durch gleiche und geheime Auswahl der Führung, Grundrechte, Schutz der Minoritäten — der wirtschaftliche Bereich dagegen durch die Herrschaft des Kapitals Musterbeispiel für Ungerechtigkeit und Ungleichheit — z. B. durch krass unterschiedliche Vermögensverteilung, Mitbestimmung und Verfügungsgewalt — so bedeutet Primat der Wirtschaft Verdrängung der Demokratie. Ohne Demokratie *in* der Wirtschaft ist ein Primat der Wirtschaft der unzivilisierte Versuch, die Demokratie inhaltlich zu entleeren, sie als formale Fassade vorzuschützen[45].

Luhmanns Ansicht hat mithin ausschließlich für diejenigen sozialistischen Systeme eine gewisse Berechtigung, die im ökonomischen Bereich durch die Vergesellschaftung der Produktionsmittel und die Arbeitermitbestimmung ihrem Anspruch nach demokratisch strukturiert sind, dagegen im politischen Bereich durch Gewalteneinheit und die unkritisierbare Vorherrschaft einer zentralistisch-hierarchischen Partei Selbstorganisation und Selbstbestimmung unterbinden. Nur in diesen Systemen könnte ein Primat der Wirtschaft demokratisierend wirken[46].

---

[42] Vgl. *Luhmann*, N.: Positivität des Rechts als Voraussetzung einer modernen Gesellschaft, in: Jahrbuch für Rechtssoziologie und Rechtstheorie Nr. 1, hrsg. von Lautmann / Maihofer / Schelsky, Bielefeld 1970, S. 199 f. und Fn. 78.
[43] *Naschold:* Demokratie und Komplexität, S. 510, Fn. 65 a.
[44] *Luhmann:* Positivität, S. 201.
[45] Vgl. *Willke / Willke:* Die Forderung nach Demokratisierung von Staat und Gesellschaft, in: Das Parlament, Beilage B 7/1970 vom 14. 2. 1970, S. 52 ff.
[46] Vgl. *Havemann*, R.: Der Irrtum der Leninisten, in: Die Zeit Nr. 17 vom 24. 4. 1970, S. 7; ders.: Der Sozialismus von morgen, in: Das 198. Jahr-

2. Die technokratische Konzeption

Eine technokratische Demokratiekonzeption ist mithin in sozialistischen und kapitalistischen Systemen keine funktional äquivalente Lösung, wie *Luhmann* vermutet. In kapitalistischen Systemen bedeutet Technokratie die Verschleierung der Notwendigkeit, das wirtschaftliche Subsystem analog zum politischen System demokratisch zu strukturieren. In sozialistischen Systemen aber könnte Technokratie eine Umstrukturierung des politischen Systems analog zum dekonzentrierten und differenzierten Organisationsmodell eines komplexen Wirtschaftssystems bewirken. In der DDR fand dieser Prozeß Ausdruck vor allem in der Einführung des Produktionsprinzips für die Leitung der Parteiarbeit. Die strukturierende Kraft der wirtschaftlich-wissenschaftlichen Prozesse hatte das poltische System erfaßt und schien es auf seine Bedürfnisse hin zu orientieren. Ein Demokratiekonzept, das so den faktischen Primat der Wirtschaft bestärkte und ihn ideologisch zu rechtfertigen suchte, mußte in einem ideologisch integrierten Einparteiensystem dann auf die Grenzen seiner Möglichkeiten stoßen, wenn in der Beurteilung der politischen Führung die politischen ‚Kosten' dieses Konzepts den ökonomischen Nutzen zu überwiegen drohten: Hierbei war der Verrechnungsmodus vor allem beeinflußt 1. generell durch die politisch exponierte Lage der DDR (in der CSSR z. B. konnte vor dem Einmarsch der Truppen einiger Staaten des Warschauer Paktes weitgehender experimentiert werden[47]), 2. personell dadurch, daß die Ausrichtung der Partei auf ökonomische Problemlösungen die Parteikader gegenüber dem technisch-ökonomischen Sachverstand der Spezialisten ins Hintertreffen brachte, und die Bildung einer wissenschaftlich-technologisch orientierten ‚Gegenelite' (LUDZ) förderte[48], und 3. sachlich durch die Tendenz, daß die Eigendynamik der eingeleiteten Prozesse immer weitere Konzessionen der Politik und Ideologie an ökonomische Erfordernisse verlangte[49].

---

zehnt, Serie in: Die Zeit Nr. 41 vom 10. 10. 1969, S. 50/51; vgl. hierzu auch die Ausführung von *Topornin:* Die Leninsche Lehre von den Formen der politischen Macht im Sozialismus und die Gegenwart, in: SuR 1969, S. 1044, bes. S. 1051 ff. und die explizite Ablehnung „jeglichen technokratischen, inhaltsleeren Herangehens an organisationswissenschaftliche Fragen und Entscheidungen" durch *Assmann / Frohn:* Marxistisch-leninistische Organisationswissenschaft und sozialistische staatliche Führung, in: SuR 1969, S. 260 (262).

[47] Vgl. *Capek, K.:* Über das neue System der Leitung der Volkswirtschaft in der CSSR, in: SuR 1968, S. 91 ff. und die scharfen Polemiken nach dem Prager 21. August von *Winkler* et al. in: SuR 1968, S. 1668 - 1697 und *Ulbricht, W.:* Die Rolle des sozialistischen Staates bei der Gestaltung des entwickelten gesellschaftlichen Systems des Sozialismus, in: SuR 1968, S. 1735 bes. 1741.

[48] Vgl. dazu *Mittag, G.:* Zur weiteren ..., S. 25; *Ludz* S. 42 ff. u. 69.

[49] Vgl. die Rechtfertigung einer Verstärkung des Zentralismus bei *Topornin* S. 1057 und bei *Söder, G.:* Die führende Rolle der Partei und das NÖSPL, in: Einheit 1966, S. 1372 ff.

2.2. Die ökonomischen Aufgaben der Politik

Im Laufe des Jahres 1965 kündigte sich ein Umdenken an, das auf dem 7. Parteitag der SED im März 1967 dazu führte, daß das Produktionsprinzip als Organisationsmodell für Parteiarbeit wieder abgeschafft und das Territorialprinzip als alleingültig bestätigt wurde. Dies kann als Symptom verstanden werden für eine prinzipielle Änderung der Demokratiekonzeption, welche als Grundlage eines Systems der Leitung der Gesellschaft dienen sollte. Eine Änderung des Leitungsprinzips der Parteiarbeit hat aufgrund der wichtigen Rolle der Partei bei der Leitung von Staat und Gesellschaft exemplarischen Charakter und ist ein Hinweis dafür, daß die Leitung der Gesellschaft insgesamt neuen Prinzipien und Zielvorstellungen unterworfen werden sollte. Infolge der wechselseitigen Beeinflussung von Leitungswissenschaft und Demokratiekonzeption — wobei die Demokratiekonzeption als allgemeiner Systemzielentwurf insbesondere auf die Leitungsebene ‚Führung' einwirkt — können aus den beobachtbaren Veränderungen der Leitungsstruktur Rückschlüsse auf die zugrundeliegende neue Demokratiekonzeption gezogen werden. Schwerpunkt der neuen Orientierung durch den 7. Parteitag der SED war die Tendenz, die dominierende Rolle der Ökonomie zu relativieren zugunsten einer verstärkten Betonung der führenden Rolle der Partei und der Ideologie. Die politischen Kosten der technokratischen Demokratiekonzeption schienen zu hoch geworden zu sein.

3. Die kybernetische Konzeption

Eine bestimmte Gesellschaft kann zu Zwecken der Analyse oder der Modellierung als kybernetisches System betrachtet werden. Aufgrund des hohen Abstraktionsgrades der kybernetischen Begriffsbildungen können kybernetische Gesetzmäßigkeiten, die aus dem Studium einfacher technischer oder biologischer Vorgänge gewonnen wurden, auch auf soziale Systeme übertragen und auf ihre Relevanz überprüft werden. Die Kybernetik befaßt sich generell mit Steuerungs- und Regelungsmechanismen in dynamischen Systemen, wobei der Aufnahme, Verarbeitung und raumzeitlichen Übertragung von Informationen eine überragende Bedeutung zukommt. Kybernetische Systeme sind dadurch charakterisiert, daß sie über den Mechanismus der Rückkopplung innerhalb eines bestimmten Variationsbereiches einen Gleichgewichtszustand anstreben. Wirkt eine Störung eines bestimmten Intensitätsgrades (z. B. ein kalter Luftzug in ein Zimmer, dessen Heizung über einen Thermostaten geregelt ist) auf ein System ein, so kehrt dieses über eine selbsttätige Ausregelung der Störgröße wieder in den ursprünglichen Gleichgewichtszustand zurück. Das Ausmaß der Störungen, die von einem kybernetischen System so ausgeregelt werden können, kennzeichnet dessen Stabilität.

Die Stabilität sozialer Systeme ist konstant durch Störeinwirkungen bedroht, die entweder aus der Umwelt auf das System einwirken oder systemintern entstehen. Zur Ausgleichung dieser Störungen können soziale — in bestimmtem Umfange auch biologische und multistabile technische — Systeme als stabilisierende Strategie nicht nur die Veränderung der Stellgröße durch Rückkopplung verwenden, sondern darüber hinaus auch die Veränderung der Führungsgröße. Die Führungsgröße kennzeichnet die Zielrichtung des Systems (z. B. die auf dem Thermostat eingestellte Temperatur; das Produktionssoll eines Betriebes). Eine Änderung der Führungsgröße kann daher die Qualität des Systems ändern; gleichzeitig ist die Variation der Führungsgröße Voraussetzung möglicher Evolution.

Festlegung und Veränderung der Führungsgrößen eines sozialen Systems berührt nachhaltig die Interessen der das System konstituierenden Menschen, da deren soziale Verhaltensweisen auf die einmal festgelegten Führungsgrößen hin orientiert sind. Will z. B. ein Staat

3. Die kybernetische Konzeption

der EG beitreten, so müssen zur Anpassung an die in der EG geltenden Regelungen die ökonomischen Führungsgrößen dieses Staates oft erheblich verändert werden; dies wiederum kann drastische Auswirkungen auf die Interessen und Möglichkeiten der wirtschaftenden Subjekte (z. B. der Bauern) haben. Daraus wird verständlich, daß die Organisationsformen und Verfahren für die Festlegung und Veränderung von Führungsgrößen zentrale Bedeutung für die Steuerung des Gesamtsystems haben, und daß das Interesse der das Gesamtsystem bildenden Teilsysteme dahin geht, auf den Bereich einzuwirken, in dem die Führungsgrößen erarbeitet werden: den Bereich der Politik.

In der DDR sind die beiden maßgebenden, auf die Politik einwirkenden Subsysteme die Ökonomie und die Partei, in deren Verhältnis sich die Dialektik von Basis und Überbau reflektiert. Beide Subsysteme zeigen die Tendenz, maximal auf die Politik einzuwirken und dadurch einen Primat bei der Bestimmung der Führungsgrößen zu erreichen. Die Frage nach dem Primat der Politik ist insofern irrelevant, als in Systemen, die ihrem Anspruch nach demokratisch strukturiert sind, die Politik per definitionem als Ort der gesellschaftlichen Willensbildung den Primat innehat. Entscheidend ist dagegen, welches Subsystem maßgeblich den Kurs der Politik bestimmt.

In der Phase der technokratischen Demokratiekonzeption gingen die entscheidenden Impulse von der Ökonomie aus; die Partei mußte sich der Dynamik der technisch-wissenschaftlichen Revolution beugen und richtete sich auf dem Höhepunkt dieser Entwicklung auch in ihrer Organisationsstruktur nach den Erfordernissen der Ökonomie. Der Primat der Politik war daher inhaltlich ein Primat der Ökonomie.

Eine kybernetische Konzeption der sozialistischen Demokratie dagegen erfordert ein gleichgewichtiges Regelungsverhältnis zwischen Ökonomie und Partei bei der Bestimmung der politischen Ziele. Die Dominanz der Ökonomie muß im kybernetischen Modell zugunsten einer gleichrangigen Stellung der Partei zurückgedrängt werden: gerade dies war der Grund des Überganges vom NÖSPL zum ÖSS.

Bereits in *Heuers* Habilitationsverteidigung tauchte ein Vorwurf auf, der sich später in allen Kritiken und Rezensionen seines Buches wiederholte: Einseitigkeit zugunsten des Produktionsprozesses und Verkennung des Prinzips des demokratischen Zentralismus[1]. Unter

---

[1] Vgl. zur Kritik an Heuer: *Hochbaum*, Buchbesprechung, in: SuR 1966, S. 1038, bes. S. 1041; *Mollnau / Wippold:* Kritische Anmerkungen zu einer Schrift über Demokratie und Recht im neuen ökonomischen System, in: SuR 1966, S. 1271, bes. S. 1272 und 1274; besonders kraß: *Stüber*, R.: Neues ökonomisches System und sozialistische Demokratie, in: SuR 1967, S. 92, mit den Vorwürfen Stübers setzt sich *Heuer* sehr entschieden in seinem Beitrag ‚Gesellschaft und Demokratie', S. 907, Fn. 1, auseinander; sehr positiv wird

systemtheoretischem Aspekt zielt diese Kritik darauf, *Heuer* habe das gesellschaftliche Teilsystem Wirtschaft gegenüber den Teilsystemen Partei und Politik zu autonom konzipiert. Er habe durch die Betonung der Selbstorganisation und Selbstregelung impliziert, daß Zentralismus undemokratisch sei. *Mollnau / Wippold* fordern in ihrer Kritik, jegliche Selbstregulierung sei an den gesellschaftlichen Entwicklungs- und Strukturgesetzen auszurichten. Da dem ideologischen Anspruch nach die Partei als führende gesellschaftliche Kraft diese Gesetze kennt und gültig interpretiert, bedeutet dies, daß Selbstregulierung nur möglich ist auf der Grundlage des Primats der Politik und der führenden Rolle der Partei. Nach Ansicht von *Mollnau / Wippold* setzt die Partei als führende Kraft mithin die Regelgrößen für die Wirtschaft, nicht umgekehrt.

Auch in *Heuers* Konzept ist es allerdings nicht ausschließlich die Ökonomie, welche die politischen Zielwerte, die Entwicklungsgrößen für die Gesellschaft bestimmt. Für ihn ist die Ökonomie ein Teilsystem der Gesellschaft neben anderen, allerdings ein Teilsystem, das aufgrund seiner notwendigen relativen Autonomie nicht einseitig und ohne Kontrollmöglichkeiten parteilich-ideologischen Direktiven untergeordnet sein darf. Insbesondere müsse gewährleistet sein, daß das demokratische Potential einer auf Selbstregulierung durch ökonomische Hebel und auf Selbstorganisation aufgebauten Wirtschaft hineinwirkt in den ideologischen Bereich und zu einer Weiterbildung des demokratischen Zentralismus führt[2]. Dies sei nur dann möglich, wenn die Ökonomie der Partei nicht mehr hierarchisch untergeordnet ist, sondern wenn beide Teilsysteme ihre (nicht-antagonistischen) widersprüchlichen Interessen in einen objektivierten Entscheidungsprozeß einbringen, in dem die demokratisch legitimierten Interessen der Gesamtgesellschaft als Zielwerte fungieren.

Dieser objektivierte Entscheidungsprozeß spielt sich als Willensbildung im Bereich der Politik ab. Weder die Partei noch die Ökonomie setzen ihre Zielvorstellungen (im Modell) direkt durch; erst die politischen Entscheidungen, die im System der Volksvertretungen, insbesondere in der Volkskammer, gefällt werden, gelten als Zielwerte staatlichen Handelns (vgl. Schema 2).

Dieses Modell für das Verhältnis von Ökonomie und Partei, in dem die Politik als Regler fungiert, setzt voraus: Ökonomie und Partei müssen in bezug auf die Politik (System der Volksvertretungen bis zur Volkskammer)

Heuers Arbeit erwähnt bei *Benjamin:* Kybernetik und staatliche Führung, S. 1236.

[2] Vgl.*Heuer,* U.: Planmäßige Warenproduktion und Wirtschaftsrecht, in: Einheit 1967, S. 1116 (1127).

3. Die kybernetische Konzeption

Schema 2

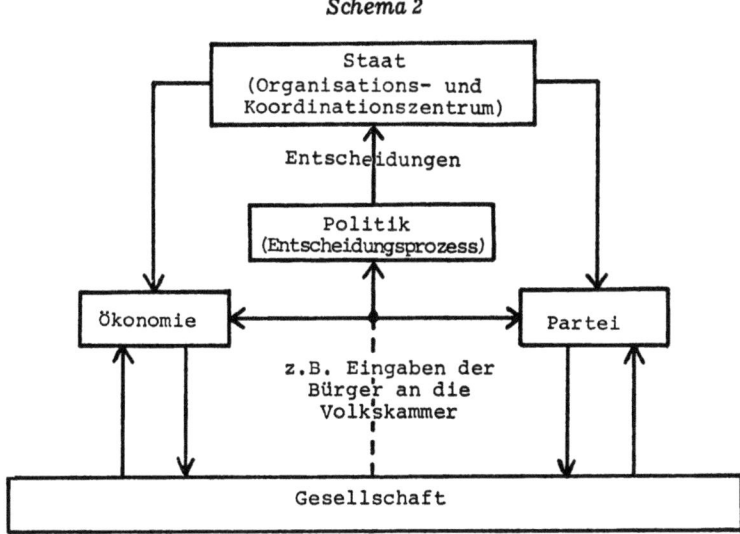

1. relativ autonom konzipiert sein (ihre jeweiligen Rechte und Pflichten müssen in juristisch fixierten Kompetenzregelungen verbindlich abgegrenzt sein)
2. gleichrangig sein (die reale Bedeutung der ökonomischen Basis und die Charakterisierung der Produktionsmittel als revolutionäres Element der gesellschaftlichen Entwicklung verbieten eine Unterordnung der Wirtschaft unter die Herrschaftsinteressen der Partei)
3. in einem nicht-antagonistischen dialektischen Wechselbezug stehen (das ökonomische System trägt politisch-sozialen Charakter[3], beschränkt sich also nicht auf die materielle Reproduktion; andererseits verwirklichen die Werktätigen selbst unter der Führung der Partei die objektiven Gesetze des Sozialismus, also auch die ökonomischen Gesetze des Sozialismus[4]).

Die führende Rolle der Partei bezieht sich demnach auf die Erziehungs- und Überzeugungsarbeit (nicht zuletzt bei den Wahlen), die dort an ihre Grenzen stößt, wo die objektiven, d. h. gesamtgesellschaftlich legitimierten materiellen Interessen und demokratischen Bedürfnisse der Bürger beeinträchtigt werden. Das NÖSPL der Jahre 1963 bis 65 scheint eine Überreaktion auf die Wirtschaftsmisere der Zentralverwaltungswirtschaft bis 1962 gewesen zu sein[5]. Die Überbetonung der Wirtschaft auf Kosten des ideologischen Teilsystems sollte mit der

---
[3] *Heuer:* Organisation des Sozialismus, S. 1713.
[4] *Heuer:* Organisation des Sozialismus, S. 1711.
[5] Vgl. *Heuer:* Organisation des Sozialismus, et passim.

Entwicklung des Ökonomischen Systems des Sozialismus (ÖSS) austariert werden, ohne daß die ökonomisch sinnvolle Dekonzentration und Selbstregulierung aufgegeben werden mußten. Die Entwicklung vom NÖSPL zum ÖSS ist die Einregulierung eines Modells, in dem als Zielgrößen wirtschaftliches Wachstum und Primat der Politik (nicht der Partei!) zu optimieren sind[6]. Der Übergang vom NÖSPL zum ÖSS, der auf dem 7. Parteitag formell vollzogen wurde, ist kein Neuansatz, sondern eine Weiterentwicklung, die im NÖSPL selbst bereits angelegt war[7].

3.1. Steuerung oder Regelung der Volkswirtschaft?

Zwischen optimalem wirtschaftlichem Wachstum und einem ungefährdeten Primat von Ideologie und Politik als Zielgrößen eine schlichte Einheit oder Identität zu fingieren — wie *Stüber*[8] es in einer Zusammenstellung von Leerformeln und Tautologien tut — löst keines der erheblichen Probleme ihrer konkreten Vermittlung. Unter den Bedingungen der technisch-wissenschaftlichen Revolution, der wirtschaftlichen Gesellschaft und der Abhängigkeit des gesellschaftlichen Systems von der Politik als integrierender Instanz mit der Funktion, ein ‚generalisiertes Entscheidungspotential'[9] aufzubauen und den Entscheidungsprozeß zu strukturieren, ergeben sich für die drei Bereiche Partei, Wirtschaft und Politik trotz ihrer weitgehenden gegenseitigen Durchdringung verschiedene Schwerpunkte.

Von Wissenschaft und Technologie, die ihrerseits ökonomisch motiviert, von bestimmten Interessen geleitet sind, geht eine innovatorische Dynamik aus, die Wirtschaft, Partei und Politik vor qualitativ neue Probleme stellt. Wesentlich ist, daß die Wirtschaft zur Anpassung an diese Dynamik nicht nur neue Verfahren, Produktionstechniken, Koordinations- und Kooperationsmechanismen rezipieren muß, sondern daß sie darüber hinaus die immer komplexer werdenden individuellen, kollektiven und gesellschaftlichen Bedürfnisse befriedigen muß. Das Erwartungsniveau der Menschen steigt mit den technologischen Möglichkeiten, nicht nur mit den bereits verwirklichten Neuerungen[10]. Das

---

[6] So *Mittag:* Zur weiteren Vervollkommnung, S. 41; *Benjamin* S. 1231.

[7] Vgl. den Leitartikel, Neues staats- und rechtstheoretisches Denken ist geboten, in: SuR 1967, S. 1204, bes. S. 1211 und die retrospektive Beurteilung des NÖSPL durch *Stoph*, W.: Neue Probleme des Planungssystems und der Bilanzierung, sowie der Eigenverantwortung der Betriebe, in: SuR 1968, S. 1061 (1089 - 1092).

[8] Vgl. *Stüber* (Fn. 1).

[9] *Luhmann:* Komplexität, S. 39.

[10] Vgl. zum Zusammenhang mit Selektions- und Entscheidungsmechanismen *Luhmann*, N.: Evolution des Rechts, in: Rechtstheorie, Zeitschrift für Logik, Methodenlehre Kybernetik und Soziologie des Rechts, 1970, Heft 1, S. 3 (8).

3.1. Steuerung oder Regelung der Volkswirtschaft

Wissen um die technologische Möglichkeit der Herstellung von Nylonhemden oder Lehrmaschinen verringert die Erwartungs-Toleranz derjenigen erheblich, die noch keine Nylonhemden kaufen können, oder noch nicht mit Lehrmaschinen lehren oder lernen können. Da unter den Bedingungen der technischen Revolution die Möglichkeiten unendlich vielfältiger sind als die Realisierungskapazität, muß eine Präferenzordnung gesellschaftlich und volkswirtschaftlich strukturbestimmender Aufgaben aufgestellt werden, die festlegt, welche Ziele vorrangig verfolgt werden, welche vernachlässigt oder ganz ausgeschaltet werden.

Das politische System[11], welches diese Präferenzordnung aufstellt, steht mithin unter einem konstanten Begründungszwang bezüglich der getroffenen Entscheidungen, da mit jeder Entscheidung eine Vielzahl möglicher Alternativen ausgeschaltet wird.

Alle komplexen Gesellschaftssysteme haben Mechanismen geschaffen, um diesen Begründungszwang auf ein praktikables Maß zurückzuschrauben. In liberal-parlamentarischen Systemen übernimmt diese Funktion das positivierte Recht, für die Gesamtgesellschaft besonders die Verfassung, die eine langfristig eingefrorene Präferenzordnung darstellt[12]. In sozialistischen Einparteiensystemen erfüllt dieselbe Aufgabe eine als Programm verstandene Ideologie. In beiden Systemen haben die jeweiligen Mechanismen keinen Ausschließlichkeitscharakter; sie werden ergänzt durch eine das gesetzte Recht durchdringende kapitalistische Ideologie einerseits und durch ein ideologisch-programmatisches Recht[13] andererseits. Verfaßte Ideologie und ideologische Verfassung als langfristige gesellschaftliche Wertordnungen werden für den ökonomischen Bereich durch die jeweiligen Planungssysteme spezifiziert[14]. Denn zur Leitung einer durch die Entwicklung von Technologie und Wissenschaft dynamisierten Wirtschaft scheinen die auf die traditionellen Mechanismen (Recht und Ideologie) aufgebauten Konzeptionen nicht mehr zu genügen. Die relativ starre Steuerung durch langfristige, ideologisch oder rechtlich eingefrorene Programme erweist sich immer mehr als Zwangsjacke der ökonomisch-technischen Entwicklung, da diese Programme keine flexiblen, sofortigen Reaktionen auf aktuelle Problemstellungen erlauben.

---

[11] Unter systemtheoretischem Aspekt ist das politische System ein Subsystem der Gesellschaft (vgl. Leitartikel in: SuR 1967, S. 1207 und *Luhmann*, Positivität, S. 198), dies sagt aber noch nichts darüber aus, wie die anderen Subsysteme auf das politische System einwirken und wie innerhalb des politischen Systems der Willensbildungsprozeß organisiert ist.

[12] Vgl. *Luhmann* S. 197; *Willke*, H.: Stand und Kritik der neueren Grundrechtstheorie, Berlin 1975, bes. S. 180 ff.

[13] Besonders deutlich: die neue Verfassung der DDR.

[14] In der BRD ist hier bes. der auf Art. 109 III GG und §§ 9 - 11 StabG beruhende mittelfristige Finanzplan zu nennen.

Andererseits scheint die technokratische Konzeption einer Dekonzentration und Selbstorganisation der Subsysteme die Rolle der Politik als Integrations- und Steuerungsfaktor zu sehr zurückzudrängen und Wissenschaft und Wirtschaft einer unkontrollierten Eigendynamik zu überlassen. Nun liegt zwar nichts näher, als zentrale, langfristige Steuerung und Selbstorganisation zu verbinden (so Art. 9 III der Verf. der DDR), doch werden damit die Probleme nur verdrängt in die konkrete Bestimmung dieser Verbindung und in die Verdeutlichung der Rolle der Planung.

3.1.1. Die Verbindung von zentraler Steuerung des Gesamtsystems und Selbstorganisation der Subsysteme im Bereich der Planung

Die Richtlinie für das NÖSPL vom 11. 7. 63 enthielt Bestimmungen sowohl zur Erneuerung und Verbesserung der zentralen Steuerung als auch zur Stimulierung der Selbstorganisation, der eigenverantwortlichen kollektiven und individuellen Tätigkeit. Die Ausnutzung der demokratischen Bedürfnisse der Werktätigen und der materiellen Interessiertheit durch das System der ökonomischen Hebel zur Stimulierung der wirtschaftlichen Effektivität bereitete zwar dogmatische Schwierigkeiten, doch war es ein praktikables und wirksames Konzept. Dies zeigt nicht zuletzt der wirtschaftliche Aufschwung der DDR seit der Einführung des NÖSPL. Bei der Erneuerung der zentralen Steuerung standen dagegen die praktischen Schwierigkeiten im Vordergrund.

In der Frage der Stimulierung individueller oder kollektiver Leistungen wirtschaftlicher oder wissenschaftlicher Art konnte man von bürgerlichen Theoretikern und Praktikern viel lernen: Immer wieder wiesen *Ulbricht* und andere auf die Notwendigkeit hin, die Ergebnisse bürgerlicher Wissenschaften in sozialistischem Sinne zu verwerten[15]. Maßnahmen und Reformen im Rahmen des NÖSPL wie: Industriepreisreform, Umbewertung der Grundmittel, Produktionsfondsabgabe, wirtschaftliche Rechnungsführung oder die Umstrukturierung der VVB zu ‚sozialistischen Konzernen' konnten funktionierenden, marktorientierten Vorbildern wenn nicht nachgemacht, so doch analog nachgebildet werden. Im Bereich der zentralen Steuerung, insbesondere der langfristigen, gesamtgesellschaftlichen Planung war dies nicht möglich; hier mußten weitgehend neue Planungsmodelle und -techniken entwickelt

---

[15] Vgl. *Dzykonski / Loose*: Systemcharakter der objektiven sozialen Gesetze des Sozialismus, Gesellschaftsprognose und sozialistisches Recht, in: SuR 1969, S. 1619 (1623); *Heuer*: Demokratie und Recht, S. 161; *Benjamin / Groschütz / Tröger*: Marxistisch-leninistische staatliche Führung, in: SuR 1968, S. 1654 (1658); *Tichomirow*, J.: Die Theorie der sozialistischen Leitung, in: SuR 1969, S. 1761 (1764) und *Hecht*, K.: Psychologische Probleme in der sozialistischen Leitungstätigkeit, in: SuR 1969, S. 1149 ff. und S. 1314 ff.

werden[16]. Zwar begannen auch hochentwickelte kapitalistische Systeme zunehmend Planungstechniken auf gesamtgesellschaftlicher Ebene zu entwickeln, doch bedingte hier der unterschiedliche gesellschaftliche Kontext grundsätzlichere Unterschiede (und mithin Hemmnisse für eine ‚Übernahme'), als dies im relativ unpolitischen Wirkungskreis des Systems der ökonomischen Hebel der Fall war[17].

Die wissenschaftlich begründete Führungstätigkeit und die wissenschaftlich begründete Planung, die in der Richtlinie als Hauptbestandteile des NÖSPL genannt wurden[18], mußten erst theoretisch erarbeitet, experimentell erprobt und in der wissenschaftlichen Diskussion korrigiert werden. Anfang 1966 wurde durch einen Staatsratserlaß der Volkswirtschaftsrat als zentrales Planungs- und Kontrollorgan aufgelöst und in acht Industrieministerien umgewandelt[19]. Der Planungsablauf wurde neu organisiert und Prognostik und Perspektivplanung in der staatlichen Plankommission (SPK) konzentriert.

Doch in der Praxis schienen auch diese Maßnahmen das System der zentralen Lenkung und Planung nicht wesentlich effektiver zu machen: Das ÖSS hatte seinen Schwerpunkt wiederum in einer Neustrukturierung der Planung[20].

Das ÖSS ist das Kernstück des „entwickelten gesellschaftlichen Systems des Sozialismus", zu dessen Gestaltung die DDR mit dem 7. Parteitag ansetzte. Politisch-ökonomische Hauptaufgabe bei der Entwicklung des Gesellschaftlichen Systems des Sozialismus ist die Konzentration auf eine prognostisch begründete hocheffektive Strukturpolitik und analog im Bereich der zentralen Planung die Planung volkswirtschaftlich strukturbestimmender Erzeugnisse, Erzeugnisgruppen, Verfahren und Technologien. Die Konzentration der zentralen Leitung und Planung auf wesentliche Aufgaben hat eine Umgliederung des Planungssystems zur Voraussetzung, die den Planungsprozeß zeitlich und strukturell differenziert und den nachgeordneten Teilsystemen mehr eigenverantwortlich durchzuführende Aufgaben zuweist.

---

[16] Vgl. *Benjamin* et al. S. 1666.

[17] In der DDR-Literatur wird die kapitalistische Planung unter dem Stichwort ‚Staatsmonopolistischer Kapitalismus' abgehandelt: vgl. *Winkler*, A.: Die Stellung der bürgerlichen Staats- und Rechtslehre zur staatsmonopolistischen Regulierung der westdeutschen Wirtschaft, in: SuR 1967, S. 1090 (1091) und die Besprechung von *Galbraiths* Buch, Die Moderne Industriegesellschaft, durch *Röder*, in: SuR 1968, S. 1445 ff.; vgl. vor allem auch die Thesen von *Hemberger / Maier / Petrak / Reinhold / Schwank:* Imperialismus heute — der staatsmonopolistische Kapitalismus in Westdeutschland, in: Einheit 1965, Heft 1, S. 101 f. und Einheit 1967, Heft 1, S. 74 ff.

[18] Vgl. Richtlinie, S. 10.

[19] Vgl. Gesetzblatt der DDR, Teil I vom 1. 2. 66, S. 53 ff.

[20] Vgl. 5. Tätigkeitsbericht, S. 87 - 89.

3. Die kybernetische Konzeption

Schema 3
Zeitlich gestufte Planhierarchie[21]

		Zeitraum in Jahren	
Prognostik	langfristige Teilprognosen	30	lfd. etwa ab 1965
	langfristige Komplexprognosen	15-30	
	Generalperspektiven	10-15	
Planung	Perspektivplan	5	erstmals 1971-75
	Zweijahresnormative	2	erstmals 1969/70
	Jahresplan	1	laufend

Eine Planhierarchie (vgl. Schema 3) bilden der Perspektivplan als ‚Hauptsteuerungsinstrument', die Zweijahresnormative der Eigenerwirtschaftung und der materiellen Interessiertheit[22] und der vereinfachte Jahresplan. Ein übergreifendes Element ist die Prognostik, die insofern eine Sonderstellung einnimmt, als das wissenschaftliche Instrumentarium der Prognostik ähnlich wie das der Futurologie noch keine eigentliche Planung erlaubt.

Die Prognostik beginnt mit der Voraussicht des zu erwartenden wissenschaftlich-technischen Fortschritts im Weltmaßstab durch die Prognosegruppen beim Ministerrat und seinen Organen (SPK und Forschungsrat)[23]. Davon ausgehend werden wichtige Reproduktionsbedingungen wie Bedarf, Art und Qualität der Erzeugnisse, Produktionsmittel, Verfahren, Organisationsnormen, Anzahl und Qualifikation der Arbeitskräfte, Kosten, Preise und ähnliches für die wichtigsten Bereiche der Volkswirtschaft eingeschätzt[24]. Aus diesen Einschätzungen, die sich auf die strukturbestimmenden Aufgaben konzentrieren, ergibt sich die strukturpolitische Konzeption der Volkswirtschaft der DDR, die ihrerseits die Schwerpunkte des Perspektivplans bestimmt. Auch der Perspektivplan nimmt seinen Ausgangspunkt von der erwarteten Entwicklung von Wissenschaft und Technik, da die Wissenschaft als unmittelbare Produktivkraft und als bestimmendes Element des volkswirtschaftlichen Wachstums begriffen wird.

---

[21] Vgl. dazu *Ulbricht:* Zu einigen Fragen, S. 382 und die Übersicht im 5. Tätigkeitsbericht, S. 96; *Bretschneider,* H.: Langfristige Planung bis 1990, in: Einheit 1973, S. 448 ff.

[22] Das Ziel ist, diese Zweijahresnormative auf 5 Jahre, also den Zeitraum eines Perspektivplanes auszudehnen: vgl. Politisches Grundwissen, S. 557.

[23] *Stoph* nennt für 1968 die Zahl von über 2000 beteiligten Wissenschaftlern, Staats- und Wirtschaftsfunktionären: vgl. S. 1079.

[24] Vgl. Politisches Grundwissen, S. 555.

Einen modellhaften Überblick über den Ablauf der Prognostik und der Planung für die Gestaltung des ÖSS gibt ein Netzwerk, das im Gesetzblatt der DDR veröffentlicht wurde (vgl. Schema 4 auf S. 62).

Das Netzwerk zeigt, wie stark die Jahresplanung von den zugrundeliegenden Plänen einschließlich der Prognostik und der Strukturentscheidungen festgelegt ist. Andererseits wird deutlich, daß die materielle Interessiertheit durch die Hebelregelungen Bestandteil der Gesamtplanung ist und insbesondere auf die Jahresplanung einwirkt. Das Netzwerk zeigt allerdings nicht das Zusammenwirken der Teilsysteme bei der Festlegung der einzelnen Plangrößen und bei den Entscheidungsprozessen. Für den Bereich des Jahresvolkswirtschaftsplanes gibt darüber ein Ablauf-Modell Auskunft, welches zusammen mit dem Netzwerk für die Gestaltung des ÖSS veröffentlicht wurde. Für die ungleich wichtigeren Bereiche der Prognostik und der Perspektivplanung sind — soweit ersichtlich — keine Modelle oder Angaben über das Zusammenwirken der Teilsysteme, über Kompetenzregelungen und Mitwirkungsrechte veröffentlicht worden.

Das Ablaufmodell für die Jahresplanung (vgl. Schema 5 auf S. 64) läßt erkennen, daß die Jahresplanung den VEB und den Teilsystemen auf Kreisebene zwar Raum für eigenverantwortliche Planung beläßt (Netzwerkziffern 6, 13, 16, 20, 25, 27), daß umfassendere Mitgestaltung aber erst bei den VVB und auf Bezirksebene möglich ist. Da zudem die Jahresplanung durch Prognostik und längerfristige Planung weitgehend vorstrukturiert und in den maßgeblichen Proportionen festgelegt ist, verringert sich der Spielraum der ‚unteren' Teilsysteme bereits von der Konzeption her beträchtlich.

Dies läßt den Schluß zu, daß die Verbindung zwischen zentraler Planung und Selbstorganisation wesentlich darin besteht, daß die ökonomischen Subsysteme[25] auf der Grundlage der staatlich vorgegebenen Führungsgrößen und in Übereinstimmung mit dem Perspektivplan ‚eigenverantwortlich' die Lücken des Jahresplanes ausfüllen können. Im Rahmen übergreifender Bindung wird eine relative Bewegungsfreiheit der Betriebe durch das Prinzip der Eigenerwirtschaftung der Investitionsmittel und Importe und durch die Erweiterung der wirtschaftlichen Rechnungsführung ermöglicht. *Mittag* sieht in der Erweiterung der wirtschaftlichen Rechnungsführung den eigentlichen ökonomischen Kern für die höhere Eigenverantwortlichkeit der Betriebe[26].

---

[25] Für die Subsysteme im Bereich des Staates (Städte und Gemeinden) gilt entsprechendes, da die Grundsätze des ÖSS auch auf die Tätigkeit der örtlichen Organe der Staatsmacht übertragen werden: vgl. *Weichelt:* Über das Wesen der sozialistischen Staatsmacht im entwickelten gesellschaftlichen System des Sozialismus in der DDR, in: SuR 1969, S. 1405 (1416).
[26] Vgl. *Mittag*, G.: Unsere sozialistische Planwirtschaft ermöglicht hohe Effektivität, in: ND vom 24. 4. 1968, S. 3.

3. Die kybernetische Konzeption

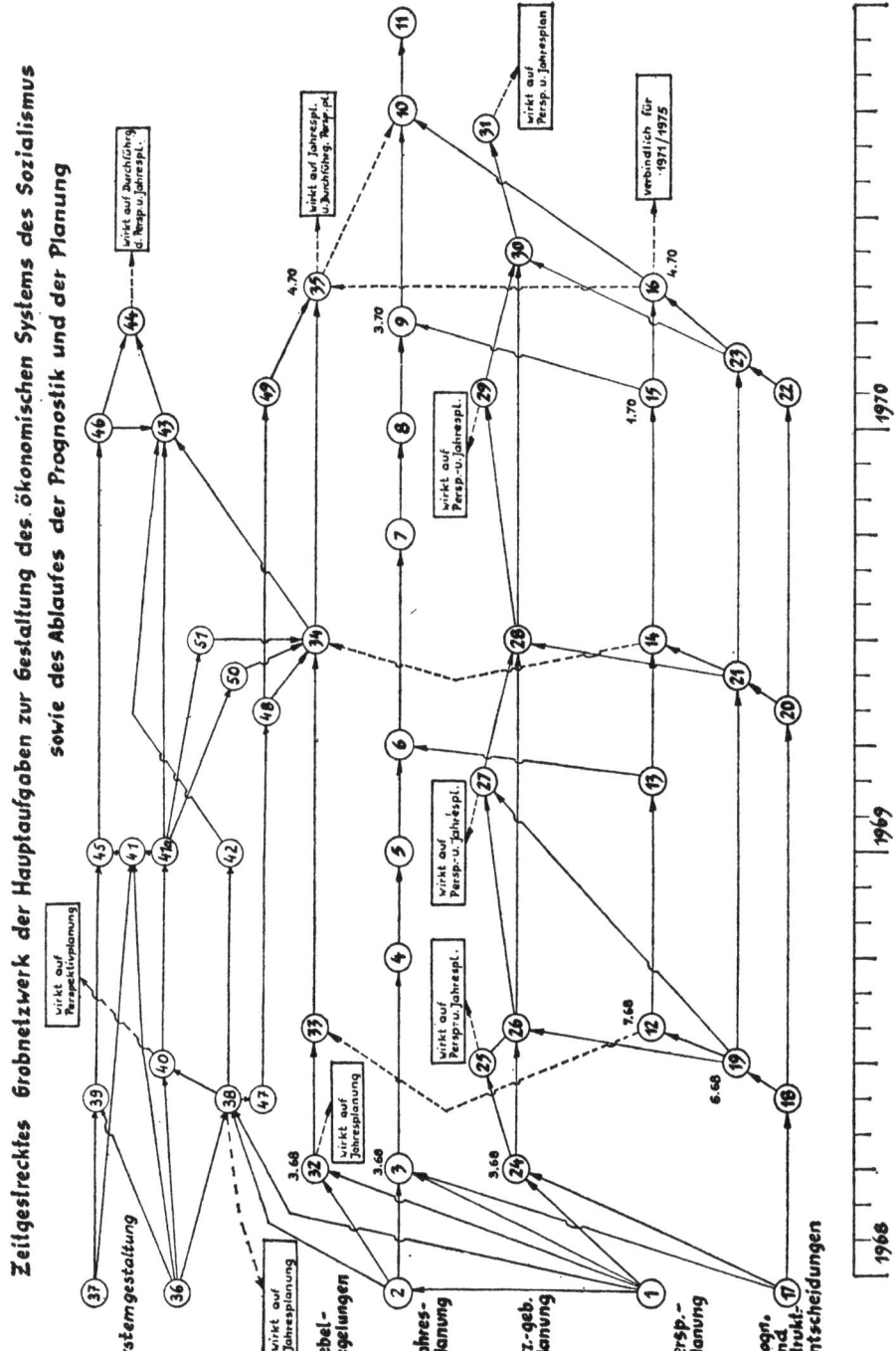

Schema 4

Zeitgestrecktes Grobnetzwerk der Hauptaufgaben zur Gestaltung des ökonomischen Systems des Sozialismus sowie des Ablaufes der Prognostik und der Planung

Anlage zu Schema 4

Ereignisliste zum Grobnetzwerk der Hauptaufgaben zur Gestaltung des ökonomischen Systems des Sozialismus sowie des Ablaufs der Prognostik und der Planung

Nr.	Ereignis
1	Perspektivplan bis 1970 beschlossen
2, 5, 8, 11	Jahresvolkswirtschaftsplan beschlossen
3, 6, 9	Staatliche Aufgabe für Jahresvolkswirtschaftsplan festgelegt
4, 7, 10	Planentwürfe für Jahresvolkswirtschaftspläne verteidigt
12	Vorgaben für die Ausarbeitung strukturkonkreter Planangebote zum Perspektivplan 1971/75 festgelegt
13	Strukturkonkrete Perspektivplanangebote 1971/75 verteidigt
14	Staatliche Aufgaben für Perspektivplanung 1971/75 festgelegt
15	Planentwürfe zum Perspektivplan 1971/75 verteidigt
16	Perspektivplan 1971/75 beschlossen
17	Erste Ergebnisse der Prognostik ausgewertet
18	Volkswirtschaftlich komplexe Auswertung der Prognostik erfolgt
19	Strukturpolitische Konzeption beschlossen
20	Weitere Ergebnisse der Prognostik ausgewertet
21	Strukturentscheidungen auf Grundlage von 20 getroffen
22	Weitere Ergebnisse der Prognostik ausgewertet
23	Strukturentscheidungen auf Grundlage von 22 getroffen
24	Nomenklatur der volkswirtschaftlich entscheidenden Erzeugnisse und Erzeugnisgruppen festgelegt
25	Mehrjährige Planauflagen gemäß 24 festgelegt
26, 28, 30	Ergänzungen zur Nomenklatur gemäß 24 festgelegt
27, 29, 31	Mehrjährige Planauflagen (gemäß 26, 28, 30) festgelegt
32	Zweijahresnormative der Eigenerwirtschaftung und der materiellen Interessiertheit festgelegt
33	Orientierende Informationen für die Anwendung der Normative zur Eigenerwirtschaftung für den Perspektivplanzeitraum 1971/75 und der normativen Regelungen zur planmäßigen Senkung der Industriepreise festgelegt
34	Anzuwendende Normative zur Eigenerwirtschaftung für den Perspektivplanzeitraum 1971/75 sowie normative Regelungen zur planmäßigen Senkung der Industriepreise festgelegt
35	Eventuelle erforderliche Korrekturen an den gemäß 34 festgelegten Normativen getroffen
36	Systemanalyse gemäß Entwicklungsstand Ende 1967 durchgeführt
37	Erste Typbeispiele (Modelle der Anwendung des ökonomischen Systems des Sozialismus als Ganzes in den Teilsystemen) erarbeitet
38	Grundsatzregelung für komplexe Maßnahmen zur weiteren Gestaltung des ökonomischen Systems des Sozialismus in der Planung und Wirtschaftsführung 1969/70 beschlossen
39	Verallgemeinerung vorhandener Typbeispiele gemäß 37 ausgearbeitet
40	Regelungen für die Erteilung von Vorgaben und die Ausarbeitung strukturkonkreter Planangebote zum Perspektivplan 1971/75 beschlossen
41a	Komplexe Regelungen für die Ausarbeitung und Durchführung des Perspektivplanes 1971/75 beschlossen
41	Grundmodell zur Anwendung des ökonomischen Systems des Sozialismus als Ganzes in territorialen Teilsystemen ausgearbeitet
42	Systemanalyse gemäß Entwicklungsstand Ende 1968 durchgeführt
43	Systemanalyse gemäß Entwicklungsstand Ende 1969 durchgeführt
44	Noch erforderliche Regelung zur Anwendung des ökonomischen Systems des Sozialismus als Ganzes im Perspektivplanzeitraum 1971/75 beschlossen
45	Komplexe praktische Anwendung der Typbeispiele (Gesamtmodell) gemäß 37 beginnt
46	Komplexe praktische Anwendung weiterer Typbeispiele (Gesamtmodell) gemäß 37 beginnt
47	Maßnahmen für nächste Schritte zur planmäßigen Senkung von Industriepreisen und zum Übergang zu fondsbezogenen Industriepreisen getroffen
48	Festlegung weiterer Maßnahmen gemäß 47
49	Maßnahmen gemäß 47 und 48 durchgeführt
50	Festlegung für die Einbeziehung der Außenwirtschaft in das ökonomische System des Sozialismus im Perspektivplanzeitraum 1971/75 getroffen
51	Festlegung über die Anwendungsbedingungen von Kredit und Zins sowie der entsprechenden Zinssätze im Perspektivplanzeitraum 1971/75 getroffen

Schema 5
Ablauf der Ausarbeitung des Jahresvolkswirtschaftsplanes

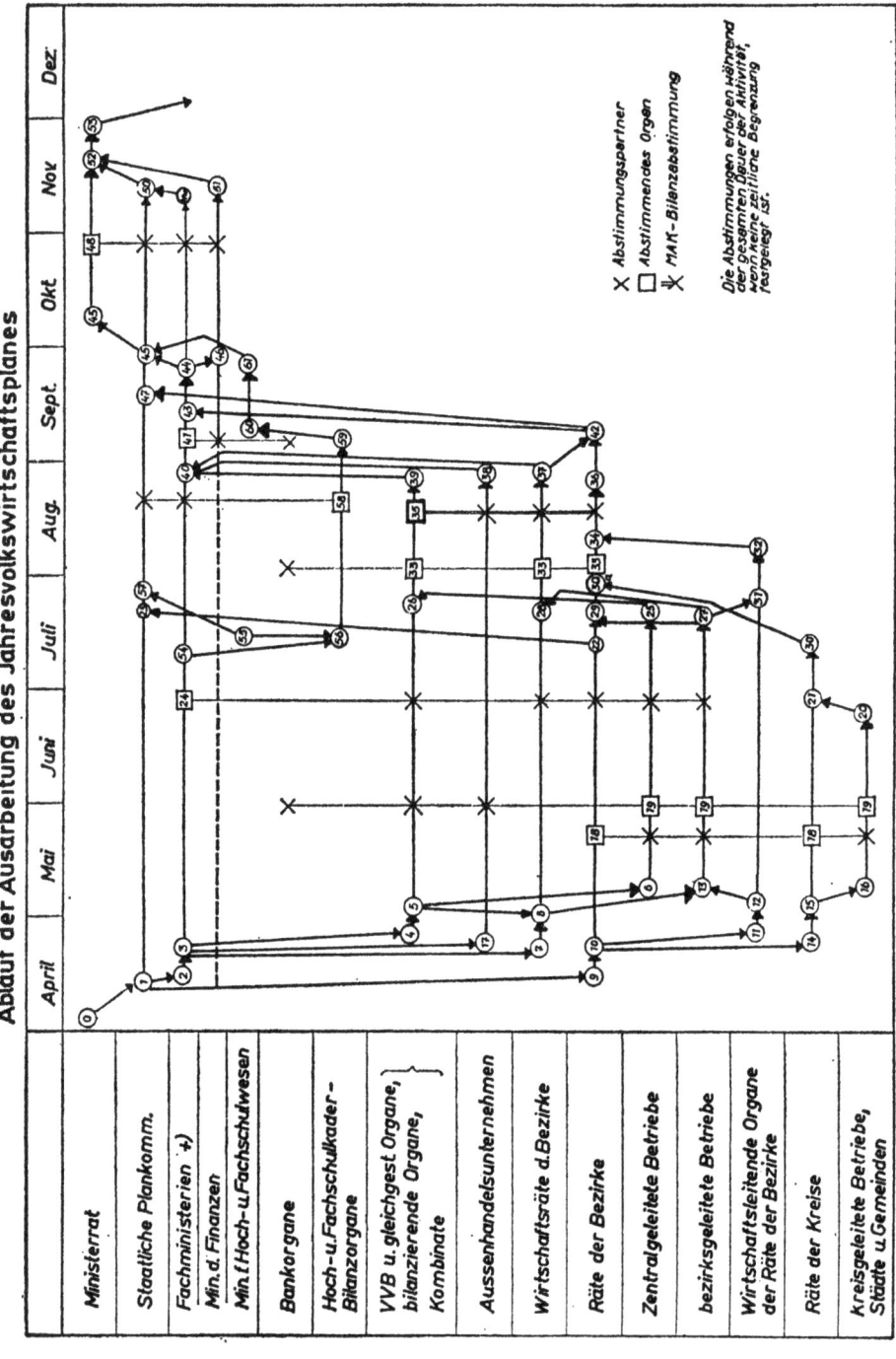

Anlage zu Schema 5

Erläuterungen zum Netzwerk

Punkte	Tätigkeit
1-2-3-4-5-6, 5-8, 3-7-8-13, 3-17, 1-9-10-14-15-16, 10-11-12-13	Herausgabe der staatlichen Aufgaben — an die Ministerien und anderen zentralen Staatsorgane (bis 10. 4. 1968) — an die Betriebe (bis 10. 5. 1968)
6-25, 13-27, 16-20	Ausarbeitung der Planentwürfe in den Betrieben und umfassende Plandiskussion mit den Werktätigen
18	Abstimmung der Kennziffern zur Neueinstellung von Schulabgängern in die Berufsausbildung sowie notwendige territoriale Abstimmung (bis 20. 5. 1968)
19	Beratung mit den Lieferern und Abnehmern im Kooperationsverband, in den Erzeugnisgruppen, mit den bilanzierenden Oragnen, mit dem Binnen- und Außenhandel, Abstimmung mit den Bankorganen sowie Vorbereitung und Abschluß von Verträgen
20-21	Übergabe der Planentwürfe und Planinformationen der Betriebe bzw. der Planinformationen der Räte der Städte und Gemeinden (bis 1. 7. 1968)
24	Entscheidungen über die strukturbestimmenden Aufgaben und Prozesse (bis Ende Juni 1968)
22-23	Übergabe der bilanzierten Kennziffern für Arbeitskräfte und für die Neuaufnahme von Schulabgängern in die Berufsausbildung (bis 20. 7. 1968)
30-30a	Übergabe der Planinformationen (bis 1. 8. 1968)
25-26, 27-28, 27-29, 27-31	Übergabe der Planentwürfe und Planinformationen und Weiterführung der Plandiskussion (bis 19. 7. 1968)
32-34	Übergabe der Planentwürfe und Planinformationen
33	Abstimmungen mit den Bankorganen
35	Abstimmungen zur Ausarbeitung der Material-, Ausrüstungs- und Konsumgüterbilanzen (bis 15. 8. 1968)
26-39	Fertigstellung der Planentwürfe der VVB und Beratung der Hauptprobleme mit den Gesellschaftlichen Räten, Kooperationsräten sowie Erzeugnisgruppenräten
39-40, 38-40, 37-40	Übergabe der Planentwürfe und Planinformationen (bis 28. 8. 1968)
37-42	Übergabe der wichtigsten Kennziffern des Planentwurfs nach den Anforderungen der Räte der Bezirke
42-43, 42-47	Übergabe der Planinformationen (bis 10. 9. 1968)
41	Abstimmungen zwischen den Ministerien und anderen zentralen Staatsorganen
44-45, 44-46	Übergabe der Planentwürfe und Planinformationen (bis 30. 9. 1968)
45a	Vorschläge der Staatlichen Plankommission für die komplexe Beratung ausgewählter Probleme
48	Volkswirtschaftliche Komplexberatungen in Arbeitsgruppen des Ministerrates (bis 31. 10. 1968)
44-44a	Qualifizierung der Vorschauinformationen für das Folgejahr (entsprechend Vordruck ÜP) und Übergabe an die Staatliche Plankommission (im November 1968)
50-52, 51-52	Einreichung der Entwürfe des Jahresvolkswirtschaftsplanes und des Staatshaushaltsplanes (im November 1968)
52-53	Beratung und Beschlußfassung über den Volkswirtschafts- und Staatshaushaltsplan; Einreichung an den Staatsrat und an die Volkskammer; Herausgabe der beschlossenen staatlichen Planauflagen für 1969 (bis Ende Dezember 1968)

Bilanzierung von Aufkommen und Verteilung der Hoch- und Fachschulkader:

Punkte	Tätigkeit
55-56, 55-57	Übergabe des Absolventenaufkommens (bis 15. 7. bzw. 31. 7. 1968)
54-56	Übergabe der Bedarfsmeldungen für Hoch- und Fachschulabsolventen aus dem Direktstudium 1970 (bis 15. 7. 1968)
58	Abstimmung der Bilanzen über Aufkommen und Verteilung der Absolventen aus dem Direktstudium 1970 (bis 20. 8. 1968)
59-60	Übergabe der abgestimmten Teilbilanzen (bis 6. 9. 1968)

3. Die kybernetische Konzeption

Diese Ansätze zu einer Selbstregelung auf Betriebsebene über die Mechanismen von Preis und Gewinn sind streng auf den Perspektivplan und den Jahresplan als steuernde Instanzen bezogen. Es handelt sich daher nicht um Annäherungen an marktwirtschaftliche Regelungsprinzipien[27], sondern um ausdifferenzierte Bestandteile eines einheitlichen Planungssystems, innerhalb dessen allerdings der Markt eine wichtige Rolle spielt. Die Plan-Markt-Beziehungen werden als kybernetische Regelung (vgl. Schema 6) begriffen, in der die Plandirektive als Führungsgröße fungiert.

Schema 6
Plan-Markt-Beziehung und Preisregelung
nach *Löser*[28]

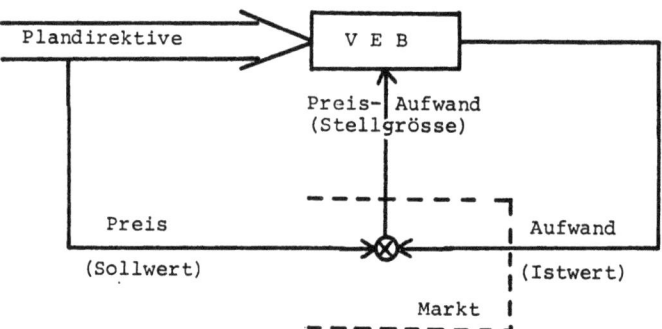

Aus der Differenz zwischen Preis und Aufwand für ein Produkt leitet sich der Gewinn ab und damit die Höhe des Prämienfonds und verschiedener Rückflußmittel. Das an der Bedeutung des Marktes verdeutlichte Verhältnis von zentraler Planung und der Eigenverantwortlichkeit der Subsysteme soll zu einer „bedeutenden Erhöhung der eigenverantwortlichen Planung in den VVB, Kombinaten und Betrieben (führen)", gleichzeitig aber keine Dezentralisierung, sondern eine Stärkung der zentralen Planung bewirken[29].

---

[27] Vgl. die Polemik von *Hahn / Hofmann:* Sozialistische Ökonomie ohne Staatsmacht?, in: SuR 1968, S. 1693 ff., die gegen O. Sik gerichtet ist; *Ulbricht*, in: Das System der sozialistischen Gesellschafts- und Staatsordnung, S. 293 f. und *Berger, W.:* Planwirtschaft und Markt, in: Einheit 1966, Heft 7, S. 846 (851).

[28] Vgl. *Löser, W.:* Zur kybernetischen Darstellung von ökonomischen Systemen, in: DZfPh 14, 1966, S. 1276 (1282).

[29] Vgl. *Ulbricht*, in: Das System, S. 287; den Bericht über weitere Maßnahmen zur Gestaltung des ÖSS, insbesondere zur Qualifizierung des Systems der Planung, in: Zur Gestaltung des ÖSS — Materialien der 8. Sitzung des Staatsrates der DDR vom 22. 4. 68, Schriftenreihe des Staatsrates, Heft 3.

3.1. Steuerung oder Regelung der Volkswirtschaft

In einen systemtheoretischen Kontext übertragen, bedeutet dies, daß die Teilsysteme *innerhalb* einer durch die zentrale Planung vorgegebenen Festwertregelung (Steuerung durch den Plan) in relativer Autonomie ihren Reproduktionsprozeß selbst optimieren können und sollen[30]. Steuerungs- und Regelmechanismen sind mithin in einer funktionalen Zuordnung deutlich unterschieden in makro-ökonomische Steuerung durch den Plan und Selbstregulierung der Subsysteme auf der Grundlage des Planes[31]. Die Subsysteme sind organisch in das übergeordnete System der sozialistischen Volkswirtschaft eingeordnet; sie erhalten eine relative Autonomie zweckgebunden zur eigenverantwortlichen Durchführung der durch die Plankennziffern gesetzten Aufgaben[32].

Diese Art der Verbindung von zentraler Steuerung und Selbstorganisation allein müßte zu einer einseitigen Betonung der zentralen Steuerung führen. Eine Konzentration der zentralen Planungsorgane auf die Kernfragen wäre danach ebenso illusorisch wie eine tatsächliche Ausweitung der Selbstorganisation und Eigenverantwortung der Teilsysteme. Die zentralen Organe müssen sich von aller bürokratischen Kleinarbeit und von den Aufgaben, die die lokalen Organe selbst lösen können, frei machen, allein schon, um nicht gänzlich überfordert und mithin funktionsunfähig zu sein. In entsprechender Weise setzt Eigenverantwortung voraus, daß die Teilsysteme nicht nur zentral vorgegebene Direktiven erfüllen, sondern tatsächlich konkrete Aufgaben des eigenen Führungsbereiches schöpferisch lösen können.

Insbesondere durch den Aufbau eines Systems der komplexen Planinformation soll den Betrieben und Kombinaten ermöglicht werden, selbst an der Erarbeitung der Jahrespläne mitzuwirken (vgl. Schema 7 auf S. 68). Ist der Plan das maßgebliche Steuerungsinstrument, so heißt Eigenverantwortung und Dekonzentration wesentlich Mitgestaltung des Planes. Die bereits 1964 von *Apel* vertretene Vorstellung der „Planung des eigenen Führungsbereiches"[33] wird im System der Planinformation dadurch realisiert, daß die Teilsysteme ihre Vorausdispositionen und Vorstellungen vorlegen und diese Kennziffern zu einer Vorstufe für die Aufstellung des nächsten Volkswirtschaftsplanes verdichtet werden. Damit wurden Informationskanäle für eine Rückkopplung der

---

[30] Vgl. *Luft / Nich / Schulz:* Sozialistische Planwirtschaft — Lebensgrundlage der sozialistischen Gesellschaft, in: Einheit 1968, S. 692.

[31] Vgl. dazu die Unterscheidung von Typen von Regelungsprozessen bei *Klaus, G. / Liebscher, H.:* Systeme, Informationen, Strategien, Berlin (Ost), 1974, S. 98 ff.

[32] Vgl. *Heuer, U.:* Verfassung für den Sozialismus, in: VS 1968, S. 304 und den Beschluß des Staatsrates, in: Dokumente, S. 301.

[33] *Apel, E.:* Technische Revolution und volkswirtschaftlicher Nutzeffekt, in: Einheit 1964, Heft 9/10, S. 47.

68   3. Die kybernetische Konzeption

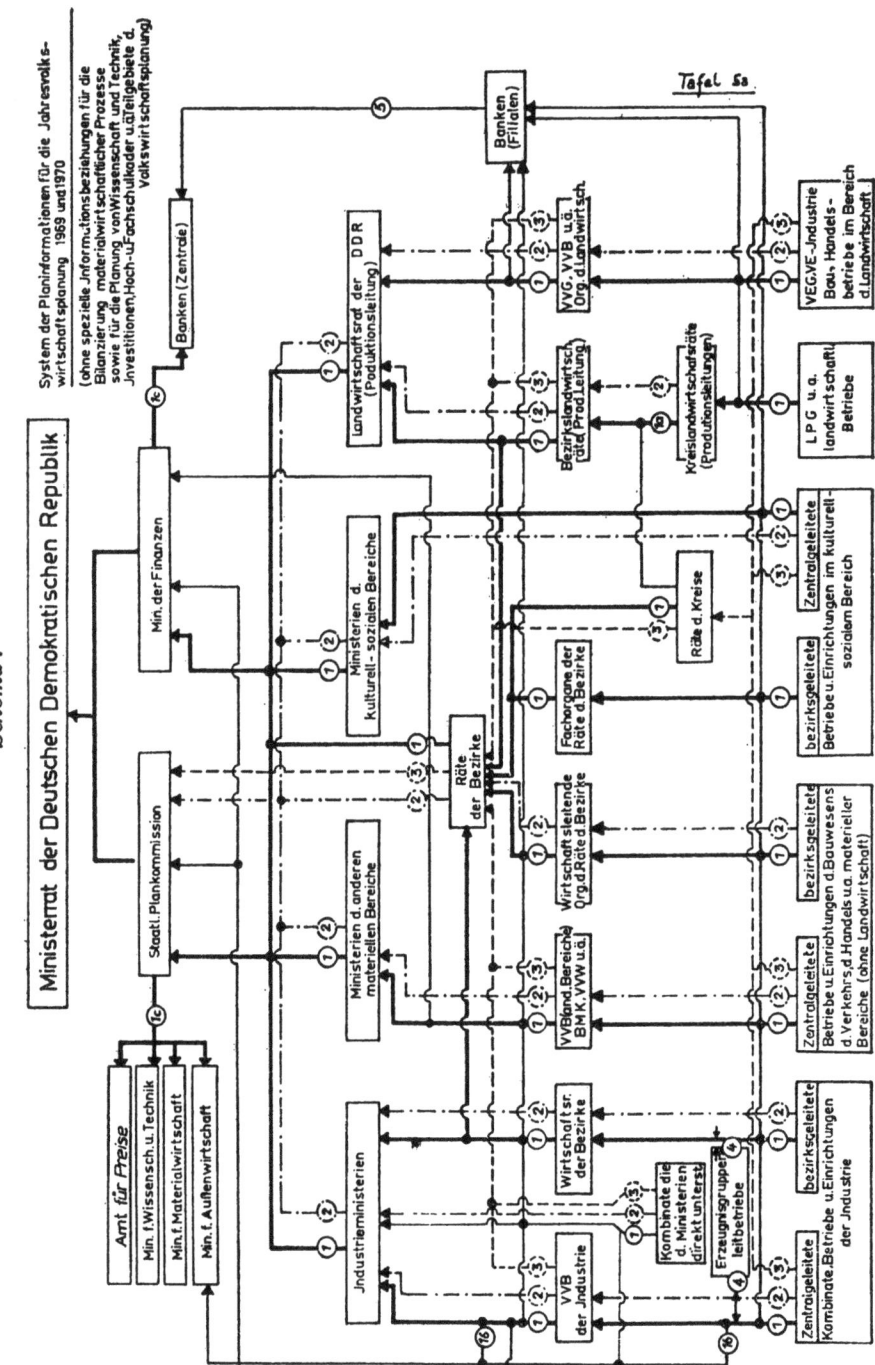

Quelle: Gesetzblatt Teil II Nr. 66 v. 5. 7. 1968.

3.1. Steuerung oder Regelung der Volkswirtschaft

Anlage zu Schema 7

Gesetzblatt Teil II Nr. 66 — Ausgabetag: 5. Juli 1968

1	Komplexe ökonomische Planinformation (ÖP)		rien gesonderte Vereinbarungen getroffen
1a	Komplexe ökonomische Planinformation (Umfang und Form wird vom Rat für landwirtschaftliche Produktion und Nahrungsgüterwirtschaft festgelegt)		Die Bereitstellung von Primärdaten für die Banken (Zentrale) erfolgt nach Vereinbarungen, die vom Ministerium der Finanzen mit den Banken getroffen werden
1b	Auszug aus der ÖP von den VVB, volkseigenen Kombinaten und Betrieben mit Außenwirtschaftsfunktionen	2	Primärdaten und Einschätzung für die Verflechtungsbilanz des gesellschaftlichen Gesamtproduktes
1c	Das Ministerium für Wissenschaft und Technik, das Ministerium für Materialwirtschaft, das Ministerium für Außenwirtschaft und das Amt für Preise können anhand eines eigenen Auswertungsprogramms die in der Staatlichen Plankommission vorliegenden Primärdaten für ihre volkswirtschaftlichen Rechnungen auswerten. Darüber werden zwischen der Staatlichen Plankommission und den betreffenden Ministe-	2a	Datenerfassung nur in ausgewählten Betrieben (im übrigen erfolgt die Einschätzung in den zentralen Organen)
		3	Informationen zur Bilanzierung der Arbeitskräfte und des Facharbeiternachwuchses sowie territoriale Abstimmungen
		4	Abstimmungen
		5	Umfang und Form der Informationen von der Bank-Zentrale festgelegt

Teilsysteme zum übergeordneten System geschaffen, die tendenziell den Übergang von einem linearen zu einem zirkulären Modell der ‚Verbindung' anzeigen. Da aber die Steuerung der Volkswirtschaft durch zentral vorgegebene Richtgrößen zweifellos die Entwicklung der Ökonomie bestimmt, kann man insgesamt von einer gesteuerten Wirtschaft sprechen. Im Rahmen der Gesamtsteuerung werden einzelne Regelungsmechanismen aufgebaut, die die Gesamtsteuerung vereinfachen und die Initiative der Subsysteme fördern.

Auch bei der Erarbeitung von Prognosen werden die von den Bezirken und wichtigen Städten eigenverantwortlich ausgearbeiteten Teilprognosen vom Ministerrat und seinen Organen verwertet und in gesamtgesellschaftliche Prognosen einbezogen. Andererseits ist die Prognosearbeit der Bezirke auf die bereits beim Ministerrat vorliegende Gesamtprognose orientiert[34]. Allerdings befindet sich das System der Planinformation erst im Aufbau, so daß eine Beurteilung seiner Rückkopplungseffektivität verfrüht erscheint[35].

Die Verbindung von zentraler staatlicher Leitung und Planung und Selbstorganisation der wirtschaftenden Einheiten hat daher zwei Aspek-

---

[34] Vgl. Staatsrat der DDR: Zur Entwicklung sozialistischer Kommunalpolitik, Materialien der 24. Sitzung des Staatsrates vom 16. 4. 1970, S. 93 ff.

[35] Wichtiger Bestandteil des Mitplanens der Werktätigen ist deren Erziehung und Weiterbildung zum „Plandenken"; so *Söder*, G.: Planung und Demokratie, in: Einheit 1965, Heft 9, S. 15, bes. S. 18 - 20 und *ders.*: Ökonomie, Demokratie und Politik, in: Einheit 1966, S. 866, bes. S. 869 ff.

te: einerseits werden im Prozeß der Aufstellung des zentralen staatlichen Plans die Betriebe, Kombinate, VVB, wissenschaftliche Institute (diese insbesondere bei der Erarbeitung von Prognosen und Perspektiven), Handelsorgane, untere staatliche Organe etc., und über die Betriebe die einzelnen Werktätigen unmittelbar beteiligt und erhalten die Kompetenz zur jeweiligen eigenverantwortlichen Planung der Wirtschaftstätigkeit des eigenen Bereichs; andererseits aber ist die Planung der Subsysteme bereits durch längerfristige zentrale Planungen und Strukturentscheidungen weitgehend vorprogrammiert, so daß die Gefahr einer Pseudo-Beteiligung so lange nicht von der Hand zu weisen ist, als eigenverantwortliche Planung und Mitgestaltung nicht auch in die zentralen Entscheidungen hineinreicht.

Für den gegenwärtig laufenden Fünfjahresplan-Zeitraum wurde zwar im Dezember 1974 durch die „Anordnung über die Ordnung der Planung der Volkswirtschaft der DDR 1976 bis 1980" (Gesetzblatt der DDR, Sonderdrucke Nr. 775 a - c)[36] eine straffere und präzisere Ablauforganisation vorgeschrieben; trotz der veränderten politisch-ideologischen Randbedingungen (vgl. dazu Kap. 4) läßt sich aber eine erstaunliche Kontinuität der Planungsorganisation feststellen.

3.2. Ökonomie und Gesellschaft im kybernetischen Modell

Die Modellierung der Wirtschaft nach einem selbstoptimierenden kybernetischen System hatte bereits im NÖSPL das Ziel, eine gewisse Selbstregelung im wirtschaftlichen System zu erreichen. Führungsgröße dieser Regelung war der Plan, der mit dem objektiv existierenden Markt in einem Wechselverhältnis stand[37]. Diese Modellierung hatte als wesentliche Voraussetzungen die Ausbildung der Betriebe, Kombinate, VVB und der obersten wirtschaftsleitenden Organe zu relativ autonomen Teilsystemen und die Schaffung von Informationskanälen und Mitwirkungskompetenzen zur Herstellung eines rückgekoppelten Regelkreises. Diese drei Kriterien (die Bildung von Teilsystemen mit eigenen Kompetenzen, deren Rückkopplung zum Gesamtsystem und das Aufwerfen der Plan-Markt-Problematik) nahmen insbesondere westliche Ökonomen zum Anlaß, eine ‚Aufweichung' der sozialistischen Planwirtschaft zu diagnostizieren. Sie übersahen dabei, daß ein kybernetisches System erst dann genauer charakterisiert ist, wenn feststeht, ob es sich um eine Festwertregelung oder um eine

---

[36] Vgl. dazu *Erdmann*, K.: Umgestaltung der Planung in der DDR, in: Deutschland-Archiv 1976, S. 723 - 737.
[37] Vgl. *Heuer*: Demokratie und Recht, S. 142; *Ulbricht*: Probleme, S. 569.

3.2. Ökonomie und Gesellschaft im kybernetischen Modell

Gleitwertregelung handelt[38]. Eine Gleitwertregelung des ökonomischen Systems würde beinhalten, daß die Führungsgröße (Plan) sich aufgrund der von den Teilsystemen (Regelstrecke) kommenden Informationen ändert: z. B. müßte hierzu vorgesehen sein, daß der laufende Jahresplan variiert werden könnte gemäß den Wirkungen des Systems der ökonomischen Hebel und gemäß den artikulierten Bedürfnissen der Werktätigen und Kollektive nach demokratischer Mitwirkung und Selbstorganisation. Erst dann würde der Plan tatsächlich auch durch den Markt und die demokratischen Bedürfnisse mitgeregelt.

Nie bestand jedoch (in der DDR-Literatur) ein Zweifel, daß das kybernetische Modell des ökonomischen Systems auf der Grundlage einer Festwertregelung konzipiert ist. Durch den Plan — in seinen verschiedenen Formen — wird ein normativer Festwert vorgegeben, der selber nicht variierbar ist und gesetzliche Verbindlichkeit beansprucht[39]. Die Funktion der kybernetischen Modellierung der Wirtschaft verengt sich für die Phase *nach* der Festlegung des Planes darauf, die Teilsysteme anpassungsfähiger, stabiler und mithin effektiver zu machen. Die Teilsysteme sollen befähigt werden, die zentral vorgegebenen Kennziffern besser, reibungsloser und zuverlässiger zu erreichen. Folgerichtig definiert *Mittag* als Hauptaufgabe der Führungskräfte im Neuen Ökonomischen System: die Führungskräfte haben

„für ein solches reibungsloses Funktionieren der Teilsysteme zu sorgen, daß diese immer (!) die geforderten Führungsgrößen erreichen"[40].

Der demokratische Aspekt der kybernetischen Modellierung liegt im Prozeß der *Aufstellung* der Pläne, da — zumindest ansatzweise — die in eigener Verantwortung erarbeiteten Vorstellungen der Subsysteme von den zentralen Planungsorganen berücksichtigt werden. Allerdings wurde dieses Mitspracherecht der Subsysteme noch nicht sehr weitgehend durch wirtschaftsrechtliche Kompetenzabgrenzungen abgesichert.

Entgegen den Erwartungen der Konvergenztheoretiker zeigt die Bemerkung *Mittags* deutlich den Mittel-Charakter der Kybernetik. Während die technokratische Konzeption im Rahmen eines sozialistischen Systems wie der DDR eine — auf das System bezogene — dysfunktionale Eigendynamik zu entwickeln drohte, erweist sich die

---

[38] Dies führte zu einer internationalen und interideologischen Diskussion, gekennzeichnet durch die Formeln: Konvergenztheorie, demokratischer Sozialismus, sozialistische Marktwirtschaft, etc.; zur Ablehnung der Konvergenztheorie durch *Hensel*, der gewöhnlich zu ihren Verfechtern gerechnet wird, vgl. *Hensel:* Annäherung der Wirtschaftssysteme?, in: Deutsche Studien 1969, Heft 27, Bremen, S. 225, bes. S. 243.
[39] Vgl. Politische Ökonomie, S. 206; in der Praxis werden Pläne allerdings häufig ‚korrigiert' oder abgebrochen.
[40] *Mittag:* Zur Wirtschaftspolitik, S. 43.

kybernetische Konzeption als domestizierte Technokratie: moderne wissenschaftlich-technologische Herrschafts-, Steuerungs- und Leitungstechniken werden zwar praktiziert, aber als Mittel zu einem weitgehend von außen an die Subsysteme herangetragenen Ziel. Zielfindung und Zielauswahl werden nicht von wissenschaftlichen oder technologischen ‚Sachgesetzlichkeiten' gesteuert, sondern zwischen den Notwendigkeiten wirtschaftlich-wissenschaftlicher Produktivitätssteigerung und den Herrschaftsinteressen politisch-ideologisch orientierter Instanzen, insbesondere der Partei, ausgeregelt.

Betrachtet man die Politik als übergreifendes Feld gesellschaftlicher Willensbildung, Zielfindung und Zielauswahl, so sind in der DDR die Ökonomie und die Partei die wichtigsten auf dieses Feld einwirkenden Teilsysteme. Die Frage Primat der Politik oder Primat der Ökonomie kann demnach schärfer gefaßt werden in der Alternative Primat der Wirtschaft oder Primat der Partei. Denn die Politik hat per definitionem den Primat; fraglich ist nur, welches Teilsystem die Politik wesentlich bestimmt (vgl. den inneren Regelkreis Politik-Ökonomie-Partei in Schema 2).

Die Phase der technokratischen Demokratiekonzeption war gekennzeichnet durch ein Übergewicht der Ökonomie bei der Entwicklung gesamtgesellschaftlich relevanter Ziele. Gegenüber dem postulierten Primat der Partei entwickelte sich mithin ein faktischer Primat der Wirtschaft. Die kybernetische Demokratiekonzeption ist durch den Versuch gekennzeichnet, die zum Teil gegengewichtigen Kräfte Partei und Wirtschaft in ein ausgewogenes, kybernetisch geregeltes Verhältnis zu bringen.

Die Instrumentalisierbarkeit der kybernetischen Modellierung legt es nahe, sie nicht auf den ökonomischen Bereich zu beschränken, sondern sie auf andere Teilsysteme und schließlich auf die Gesamtgesellschaft auszudehnen. Tatsächlich zielte bereits das NÖSPL nicht nur auf neue Planungs- und Leitungstechniken für die Volkswirtschaft; das in der Wirtschaft als zentralem gesellschaftlichen Teilsystem durchgeführte und erprobte Leitungsmodell sollte als Modell für andere Teilbereiche dienen und Grundlage der Organisation des sozialistischen Aufbaus sein[41].

3.2.1. Die Entwicklung des gesellschaftlichen Systems des Sozialismus

Lenins widersprüchliche Aussagen zum Primat der Politik reflektieren die wechselseitige Bezogenheit von Wirtschaft und Politik, von Wirtschaft und Gesellschaft. Die tiefgreifende Veränderung der Wirt-

---

[41] Vgl. *Heuer:* Demokratie und Recht, S. 14, und *Afanasjew* S. 135 f.

3.2. Ökonomie und Gesellschaft im kybernetischen Modell

schaft durch die wissenschaftlich-technische Revolution kann nicht ohne Auswirkungen auf Partei, Politik und Gesellschaft bleiben, da der Strukturwandel der Produktivkräfte und die Herausbildung neuer Produktivkräfte wie Wissenschaft und Prognostik[42] gesellschaftliche Folgeprobleme nach sich ziehen. Die Konzentration innovatorischer Entwicklung auf den Bereich der Wirtschaft birgt die Gefahr, daß andere gesellschaftliche Teilsysteme, wie besonders das engere ideologische System (Partei und Staatsapparat), Kultur, Recht etc., nicht nur ihre anachronistischen Strukturen beibehalten, sondern darüber hinaus infolge ihrer ‚Unangepaßtheit' die Entwicklung des Gesamtsystems hemmen. *Söder* betont in diesem Zusammenhang, daß auf die Dauer ein planmäßiges Wachstum der sozialistischen Wirtschaft nur möglich ist, wenn das Gesamtsystem und auch jedes Teilsystem ein harmonisches, proportionales Wachstum aufweisen[43].

Was *Söder* auf das Wachstum beschränkt, gilt in verstärktem Maße für funktional-strukturelle Aspekte: In einer leistungs- und wachstumsorientierten Gesellschaft übt das fortgeschrittenste Teilsystem einen Anpassungsdruck auf alle anderen Teilsysteme aus, welcher zu einer ‚requisite variety' auch der Subsysteme untereinander führt. Während in technologischer Hinsicht diese Anpassung in der Regel zu einer Effizienzsteigerung führt, wirft die Anpassung der Organisations- und Leitungsstruktur Herrschaftsprobleme auf, welche in der realen[44] oder vermeintlichen[45] Dichotomie von systemstabilisierenden und systeminnovierenden Prozessen wurzeln.

Ist das Organisationsprinzip der Wirtschaft ein in Teilsysteme differenziertes Gesamtsystem, in dem die Teilsysteme durch Informations- und Kommunikationskanäle und Kompetenzzuweisungen sowohl relative Autonomie als auch Einwirkungsmöglichkeiten auf das Gesamtsystem erhalten, so impliziert dies unmittelbar bestimmte Herrschaftsverhältnisse: Herrschaft ist reduziert auf grundlegende Entscheidungen, die einen Spielraum für eigenverantwortliches Handeln der Teilsysteme lassen; Herrschaft wird tendenziell funktional rationalisiert, da Entscheidungen auch an Effizienz und ökonomischem output und nicht nur an ideologischen Kriterien gemessen werden[46]. Herrschaft

---

[42] Vgl. Politische Ökonomie, S. 330.
[43] Vgl. *Söder*, G.: Ökonomie im sozialistischen Gesellschaftssystem, in: Einheit 1968, S. 453 (454); ebenso Politische Ökonomie, S. 201.
[44] Real können dies Prozesse z. B. von einer isoliert machttheoretischen Sicht aus sein, wenn die Macht innerhalb eines Systems als Null-Summen-Spiel konzipiert wird; vgl. zur Kritik *Naschold*: Organisation und Demokratie, S. 21.
[45] Vermeintlich ist die Dichotomie dann, wenn gezeigt werden kann, daß nur durch kontinuierlichen innovativen Wandel ein System langfristig stabil gehalten werden kann.
[46] Dies betont *Ludz*: Politische Aspekte, S. 7 f.

wird mithin transparent hinsichtlich der verfolgten Ziele und kann von den Untergeordneten zumindest funktional kontrolliert werden. Und schließlich rückt als Folge dieser Prozesse ein gewandeltes Verständnis von Herrschaft in den Bereich des Möglichen: Herrschaft könnte verstanden werden, nicht mehr in der Funktion, Untergeordnete zu überwachen, zu dirigieren und zu manipulieren, sondern in der Funktion, im Rahmen einer funktionellen Differenzierung die schöpferischen Potenzen kollektiver und kollegialer Kritik, Diskussion und Entscheidungsfindung zu aktivieren[47].

Die Übertragung des für den ökonomischen Bereich entwickelten Organisationsprinzips auf andere gesellschaftliche Bereiche wirkt innovierend gerade bezüglich der angedeuteten Herrschaftsimplikate, aber auch dadurch, daß überholte Organisationsprinzipien, Kommunikationsstrukturen und Arbeitstechniken durch modernere, wissenschaftlich begründete ersetzt werden. Sie wirkt gleichzeitig stabilisierend auf das gesellschaftliche Gesamtsystem durch die Angleichung der Organisationsstrukturen der einzelnen Teilsysteme an diejenigen des fortschrittlichsten Teilsystems, da dann das Gesamtsystem nicht mehr gezwungen ist, Teilsysteme unterschiedlichen Entwicklungsgrades zu koordinieren und die daraus entstehenden Widersprüche zu lösen.

In Wirklichkeit lassen sich innovierende und stabilisierende Wirkungen nicht bruchlos trennen. Es scheint durchaus möglich, neue Strukturen und Techniken zu übernehmen, sie aber nicht zur Auflösung unnötig gewordener Herrschaft zu benutzen, sondern im Gegenteil zur Stabilisierung einmal etablierter Herrschaft. Inwieweit Innovation dazu eingesetzt wird, das demokratische Potential von Organisationen auszuweiten und nicht nur im hergebrachten Rahmen die Effizienz zu steigern, hängt nicht zuletzt davon ab, welche allgemeine Demokratiekonzeption zugrunde gelegt wird.

Die Gewichtung der beiden zusammenhängenden Wirkungen ist demnach auf dem Hintergrund der widersprüchlichen Dialektik von zentraler Leitung und Selbstorganisation, von Demokratie und Zentralismus zu sehen. Solange eine Identität von Demokratie und Zentralismus fingiert wird, müssen auch innovatorische Wirkungen von Strukturänderungen eher als theoretische Konstrukte gesehen werden, deren empirischen Relevanz kaum zu überprüfen ist. Erst wenn Widersprüche zwischen Demokratie und Zentralismus und Interessendivergenzen zwischen Individuen, Kollektiven und der Gesellschaft als möglich betrachtet werden, kann auch die Frage der Veränderung der Herrschaftsausübung sich als berechtigt erweisen.

---
[47] Vgl. *Kannegiesser:* Das gesellschaftliche System, S. 36; zur damit zusammenhängenden Neubestimmung der Rolle von Kontrolle vgl. *Naschold* S. 68.

3.2. Ökonomie und Gesellschaft im kybernetischen Modell

Ziel der Angleichung der Teilsysteme ist — in der DDR — die entwickelte sozialistische Gesellschaft, das Gesellschaftliche System des Sozialismus (GSS). Auf dem 7. Parteitag hatte *Ulbricht* gefordert, alle Teilbereiche des gesellschaftlichen Lebens wie Bildung, Kultur, Recht, Demokratie, Ideologie, politische Massenarbeit etc., auf ein gleich fortgeschrittenes Niveau zu bringen, um effektiv und schnell die entwickelte sozialistische Gesellschaft zu schaffen[48]. Im Anschluß an diese programmatische Forderung rückte das GSS als ganzes in den Mittelpunkt der Diskussion, während die spezielle Problematik der Übertragung dekonzentrierter, differenzierter und selbstorganisierender Strukturmodelle z. B. auf Partei und Staatsapparat zurückgedrängt wurde[49]. Dieser Tendenz entspricht ein deutlicher Zug zu einer theoretisierenden Betrachtungsweise, die nur schwer erkennen läßt, welche praktischen Auswirkungen die vorgeschlagenen theoretischen Konzepte haben könnten. Allerdings ist es ein allgemeines Kennzeichen der Kybernetik und Systemtheorie, ihre Theoreme auf relativ hohem Abstraktionsniveau in einem esoterischen Code zu formulieren, um sich danach erst insgesamt oder für einzelne Bereiche zu konkreteren und operationaleren Aussagen vorzuarbeiten[50].

Unter systemtheoretischem Aspekt erscheint die Gesellschaft als ein System vermaschter (verbundener und wechselwirkender) Regelkreise, wobei die Systemeigenschaft sich nicht aus der Summe der einzelnen Elemente (Regelkreise oder Teilsysteme) bildet, sondern aufgrund der informationellen Vermaschung etwas qualitativ Neues darstellt[51]. Als Struktur eines gesellschaftlichen Systems kann man den relativ beständigen Zusammenhang zwischen den einzelnen Elementen verstehen, der durch die zwischen ihnen bestehenden Beziehungen charakterisiert ist. Der von *Durkheim* in die Soziologie eingeführte und von *Radcliffe-Brown* und *Parsons* aufgenommene Begriff der Struktur bezeichnet also das für einen bestimmten Zeitraum überdauernde Organisationsgefüge. Die Funktion eines Systems oder eines Systemelementes ist die Durchführung einer bestimmten Aufgabe, die Umwandlung eines bestimmten inputs in einen bestimmten output[52]. Der enge Zusammenhang zwischen Struktur und Funktion leitet sich daraus ab, daß das System zur Erfüllung der gestellten Aufgabe eine bestimmte Struktur

---

[48] Vgl. *Ulbricht*, W.: Die gesellschaftliche Entwicklung in der DDR bis zur Vollendung des Sozialismus, in: *Ulbricht* S. 517.

[49] Vgl. *Wüstneck*, K.: Die Bedeutung der Kybernetik für die Führungstätigkeit der Partei, in: Einheit 1967, S. 983 (992), der zwar auf die Bedeutung der kybernetischen Gesetzmäßigkeiten in den Wechselbeziehungen zwischen den gesellschaftlichen Teilprozessen und dem Gesamtprozeß hinweist, dies jedoch nicht weiter ausführt.

[50] Vgl. *Kannegiesser* S. 35/36; *Naschold:* Organisation, S. 55.

[51] Vgl. *Afanasjew* S. 24; *Kannegiesser* S. 31.

[52] Vgl. *Klaus:* Wörterbuch, S. 215 f.

verlangt, die aus der Funktion abgeleitet wird[53]. Struktur ist mithin relativ[54] abhängige Variable der Funktion und kann auf ihre Angemessenheit (Leistungsfähigkeit, Adäquanz) hin überprüft werden. *Kannegiesser* versteht unter Angemessenheit, daß die Struktur eine bestimmte Funktion „mit den geringsten gesellschaftlichen Aufwendungen und größtem gesellschaftlichen Nutzen zu realisieren erlaubt"[55]. Diese Bestimmung ist zwar wenig mehr als ein Gemeinplatz, doch macht sie zumindest deutlich, daß die Struktur eines gesellschaftlichen Systems oder Teilsystems nicht isoliert, sondern nur im Zusammenhang des Gesamtsystems beurteilt werden kann. Darüber hinaus wird deutlich, daß die Festlegung der durchzuführenden Aufgaben und die Entscheidung darüber den Kernbereich gesellschaftlicher Prozesse markiert, in dem die Weichen gestellt werden: Eigenverantwortlichkeit, Mitbestimmung und Ausübung der politischen Macht durch die Werktätigen bleiben daher so lange notwendig Pseudo-Beteiligung, als sie nicht in diesen Kernbereich hineinreichen[56]. Wirksame demokratische Beteiligung ist scharf zu trennen von bloßen Strukturverbesserungen und Effiizienzsteigerungen, die ohne Einfluß bleiben auf Herrschaftsausübung und Planaufstellung, denn dort — so zeigt auch die Systemtheorie, wie sie *Kannegiesser* entwickelt — fallen die Entscheidungen, die Funktion und Struktur der Systeme weitgehend festlegen.

Die Entwicklung des GSS vollzieht sich in dem Maße, in dem die Bürger durch Schulung befähigt und durch Kompetenzzuweisungen berechtigt werden, tatsächlich an der Leitung von Gesellschaft und Staat mitzuwirken.

3.2.2. Entwickelte sozialistische Gesellschaft und sozialistische Demokratie

Die entwickelte sozialistische Gesellschaft verwirklicht die Volkssouveränität auf der Grundlage des demokratischen Zentralismus (DZ): Art. 47 II Verf. der DDR. Heißt dies nicht, daß gerade im Kernbereich zentral entschieden wird? *Ulbricht* verneint diese Frage, indem er deutlich macht, daß das Prinzip des DZ bei der *Zielfindung* eine breite Demokratie zuläßt, während die *Durchführung* notwendig straff und diszipliniert sein müsse[57]. Da die bestimmende Tätigkeit die Zielfindung

---

[53] So *Luhmann:* Soziologie als Theorie, S. 616 f., ausdrücklich gegen *Parsons;* ebenso *Kannegiesser* S. 31.
[54] Relativ, weil durchaus verschiedene Strukturen dieselbe Funktion erfüllen können; es besteht keine mechanistische Abhängigkeit: vgl. *Klaus* S. 217.
[55] *Kannegiesser* S. 32.
[56] Daß sie von Verfassung wegen hineinreichen muß, postuliert auch Art. 21 II Ziff. 1 der Verf. der DDR.
[57] *Ulbricht:* Die gesellschaftliche Entwicklung, S. 506.

3.2. Ökonomie und Gesellschaft im kybernetischen Modell

ist, läßt sich, dem theoretischen Anspruch nach, der DZ mit einer wirksamen demokratischen Beteiligung vereinbaren. *Heuer* präzisiert dies dahin, daß der DZ zwar Führungs- und Leitungsprinzip der sozialistischen Gesellschaft sei, nicht jedoch ihr grundlegendes Entwicklungsprinzip. Das Entwicklungsprinzip der sozialistischen Gesellschaft sei die Entfaltung ihrer objektiven Triebkräfte und die politisch-soziale Form dieser Entwicklung ist nach *Heuer* die sozialistische Demokratie. Konsequent kommt er daher zu einer Unterordnung des Prinzips des DZ unter die sozialistische Demokratie[58]. Die sozialistische Demokratie ist Zielwert der Entwicklung der sozialistischen Gesellschaft und der DZ ein Mittel zu diesem Zweck.

Mit dieser These setzt sich *Heuer* deutlich von der üblichen Verabsolutierung des DZ ab[59]. Die Differenzierung zwischen Leitungs- und Entwicklungsprinzip ermöglicht ihm auch eine differenzierte Beurteilung von Entscheidungsprozessen, welche als Form der Macht- und Herrschaftsausübung über Realität von Demokratie mehr aussagen als abstrakte Prinzipien. Der DZ leistet tendenziell der Pseudo-Beteiligung Vorschub, da sich gegenüber der Realität zentraler Entscheidungen die Mitbestimmung der Werktätigen konstant zur verbalen Phrase zu verflüchtigen droht. Demgegenüber stellt eine zur sozialistischen Demokratie entwickelte Gesellschaft schärfere Anforderungen an die Beteiligung und Mitbestimmung der Massen bei der Leitung der Gesellschaft, beim Willensbildungsprozeß und bei der Vorbereitung von Entscheidungen. *Heuer* bringt dies entschieden zum Ausdruck:

„Wir messen den demokratischen Charakter einer Entscheidung daran, ob unter den gegebenen Bedingungen der Reife der sozialistischen Gesellschaft an dieser Stelle vom Inhalt und Verfahren her den Anforderungen der sozialistischen Demokratie Rechnung getragen wurde. Wir messen damit diese Entscheidung an anderen möglichen Entscheidungen[60]."

Alles, was zentral entschieden wurde, obwohl es demokratisch — d. h. unter Beteiligung der Betroffenen und unter Berücksichtigung ihrer differenzierten Interessen — hätte entschieden werden können, entspricht nicht den Anforderungen der sozialistischen Demokratie. Dieses Prinzip entspricht nicht zufällig dem Überorganisation vermeidenden Prinzip der optimalen Funktionsreduzierung eines modernen komplexen ökonomischen Systems; es ist die konsequente Ableitung aus der Forderung, die Gesellschaft als selbstregelndes, dynamisches System zu begreifen und sie als Ganzes analog dem für die Ökonomie ent-

---

[58] *Heuer:* Gesellschaft und Demokratie, S. 918.
[59] *Mutzbauer,* der im DZ auch ein Entwicklungsprinzip sieht, schreibt: „Der Prozeß der Entwicklung der sozialistischen Demokratie ist somit identisch (!) mit der Entwicklung und Realisierung des DZ.", in: DZfPh 1969, S. 159/60.
[60] *Heuer:* Gesellschaft und Demokratie, S. 918.

wickelten Organisationsmodell zu gestalten. Die von *Söder* geförderte exakte wissenschaftliche Erfassung der Dialektik von Wissenschaft und Gesellschaft[61] verdichtet sich in dem Problem, den faktischen Primat der Ökonomie bei der Bestimmung der politischen Perspektiven zurückzudrängen, ohne deren innovatorische Dynamik einzuschränken. Für die Gesellschaft hat die Ökonomie die Funktion der materiellen Reproduktion. Die Wichtigkeit dieser Basis-Funktion kann dazu führen, daß die Partei oder gesellschaftliche Organisationen, die Überbau-Funktion ausüben, ihre relative Eigenständigkeit verlieren, von der Ökonomie instrumentalisiert werden und daß dadurch das dynamische Regelverhältnis von Basis und Überbau gestört wird.

3.3. Die politische Funktion der Ökonomie

Die „Entdeckung der Gesellschaftsfunktion der Ökonomie", von der *Söder* spricht[62], ist ein ungenauer Ausdruck. Richtiger müßte es ‚Wiederentdeckung' heißen, denn jedes dialektische Verständnis von Basis und Überbau impliziert eine Gesellschaftsfunktion der Ökonomie. Gerade deshalb macht *Söders* Formulierung deutlich, daß Proportionen zurechtgerückt werden sollten, die sich während der technokratischen Phase der Entwicklung des sozialistischen Systems der DDR verschoben hatten. Hatte *Ulbricht* 1962 gefordert, daß das ganze Volk im Sinne der ökonomischen Gesetze des Sozialismus wirtschaftlich denken lernen müsse[63], so lag der Schwerpunkt nach dem 7. Parteitag auf der aktiven Rolle von Partei und Politik gegenüber der Ökonomie, bei der Frage, wie die Ökonomie planmäßig zur Veränderung der Gesellschaft eingesetzt werden könne. In diesem Zusammenhang betonte *Mittag*, daß es in erster Linie darum gehe, die ökonomischen Verhältnisse als gesellschaftliche Verhältnisse zu begreifen und zu gestalten[64] und *Reinhold* stellte die wachsende Rolle des Staates bei der Weiterentwicklung des ÖSS heraus[65].

Dieser Zug zur Instrumentalisierung der Ökonomie zu politisch-gesellschaftlichen Zwecken und dieselbe Tendenz bei der Schaffung kybernetischer Modelle für einzelne Teilsysteme und das Gesamtsystem zielt auf die Verbindung der „technisch-wissenschaftlichen Revolution"

---

[61] *Söder:* Ökonomie, S. 453 f.
[62] *Söder:* Ökonomie, S. 454.
[63] *Ulbricht* S. 237 (Rede vom 12. 11. 1962).
[64] Vgl. *Mittag*, G.: Karl Marx und die sozialistische Ökonomie, in: Einheit 1968, S. 437 (439).
[65] Vgl. *Reinhold*, O.: Die Rolle des Staates im ÖSS, in: Einheit 1968, S. 153 (158); ebenso: *Ebert / Koch / Matho / Milke:* Theoretische Grundfragen der Führungsrolle der marxistisch-leninistischen Partei in der sozialistischen Planwirtschaft, in: Einheit 1969, S. 131 (138).

3.3. Die politische Funktion der Ökonomie

mit der „sozialistischen Revolution": die Gefahr, daß das politische System und die Partei durch die revolutionäre Entwicklung der Produktivkräfte überrannt und in den Bann der Ökonomie geschlagen wird, soll dadurch vermieden werden, daß die Partei sich selbst an die Spitze der Entwicklung setzt und daß das politische System mit Hilfe der Leitungswissenschaft den gesellschaftlichen Entwicklungsprozeß steuert. *Ulbricht* sieht das Wesen des sozialen Fortschritts nun in der Einheit von wissenschaftlich-technischer Revolution und Sozialismus, den er als die wissenschaftlich begründete planmäßige Leitung der gesellschaftlichen Produktion und der gesamten gesellschaftlichen Entwicklung definiert[66].

Zwar besagt eine Grundthese des Marxismus-Leninismus, daß die Produktivkräfte das revolutionäre Element der Entwicklung sind, doch ist dies eine machtneutrale Aussage. Macht- und Herrschaftsverhältnisse sind dadurch bestimmt, wer diesen revolutionären Prozeß steuert, wer in den Planungsverfahren und den Strukturentscheidungen die Weichen für die Richtung der Entwicklung stellt. Während der technokratischen Phase schien diese Steuerung der Entwicklung der Produktivkräfte von der vermeintlichen Eigendynamik der technisch-wissenschaftlichen Revolution — die in Wirklichkeit als solche gar nicht existiert, sondern sich in der Durchsetzung der Intentionen der an maßgeblicher Stelle in Wirtschaft und Wissenschaft tätigen Individuen und Kollektiven manifestiert — auszugehen.

Die Phase der kybernetischen Modellierung kann als der Versuch verstanden werden, die Steuerung aus der Ökonomie heraus in das politische System zurückzuverlagern, indem gegengewichtig zur Rolle der Ökonomie die Bedeutung der Partei bei der Gestaltung der Politik hervorgehoben wurde. Politik als der Prozeß der Steuerung des dialektischen Verhältnisses von Basis und Überbau kann — gemäß einem kybernetischen Gesellschaftsmodell — nur dann gesamtgesellschaftlich optimale neue Zielsetzungen erarbeiten, wenn Wirtschaft oder Partei nicht eine dominierende Stellung einnehmen, sondern in ein ausgewogenes Regelungsverhältnis gebracht sind.

Dialektische Widersprüche lassen sich mit besonderer Eleganz und mit mathematischer Exaktheit[67] in kybernetischen Modellen darstellen. Die Kybernetik wurde daher — nach einer Phase der strikten Ablehnung der Kybernetik, die als imperialistische Pseudowissenschaft abgetan wurde — als Beweis dafür angesehen, „daß es in unserer Welt materialistisch und dialektisch zugeht"[68]. *Klaus* weist darauf hin, daß

---
[66] Vgl. *Ulbricht,* W.: Die Bedeutung und die Lebenskraft der Lehren von Karl Marx für unsere Zeit, Berlin (Ost) 1968, S. 38.
[67] Vgl. *Klaus:* Wörterbuch, S. 142 f.
[68] *Ulbricht* S. 524.

jeder dialektische Widerspruch letztlich ein spezielles kybernetisches System darstellt, wobei die beiden Komponenten des Widerspruchs Teilsysteme eines Gesamtsystems sind, die in einer Rückkopplungsbeziehung zueinander stehen. Dies trifft auch für das Verhältnis von Basis und Überbau im GSS zu, insbesondere für die jeweils wichtigsten Teilsysteme, Ökonomie und Partei[69].

Im ‚inneren' Regelkreis der Gesellschaft (Ökonomie — Partei — Politik) erscheint als Besonderheit, daß die von der Politik vorgegebenen Führungsgrößen davon abhängen, welches der beiden Subsysteme Regler, welches Regelstrecke ist. Während *Marx* wohl die Ökonomie als Regler ansah und von einer gewissen Determiniertheit des Überbaus durch die Ökonomie ausging, kehrte *Lenin* dieses Verhältnis mit der These vom Primat der Politik, der als Primat der Partei verstanden war, um. Eine kybernetische Betrachtung dieses Problems könnte hier zur Klärung beitragen (als Veranschaulichung vgl. Schema 8).

Ansatzpunkt dazu ist die oft übersehene Notwendigkeit, in die wissenschaftliche Untersuchung der Gesellschaft als Regelkreis die Variablen Führungsgröße und Störung einzubeziehen: Zum einen muß die Gesellschaft als System im Zusammenhang mit ihrer Umwelt (also auch in der internationalen Verflechtung) gesehen werden und zum anderen müssen Entstehung und Auswirkung der dominierenden Störungen untersucht werden[70].

Untersucht man daraufhin den Regelkreis der Gesellschaft, so zeigt sich die interessante Erscheinung, daß gegenüber der klaren Trennung von Führungsgröße und Störung im kybernetischen Modell eines Regelkreises in der gesellschaftlichen Wirklichkeit eine Verzerrung auftritt: Die Tendenz scheint dahin zu gehen, daß dasjenige Teilsystem, welches erhebliche oder gar systembedrohende Störungen zu bewältigen hat, versucht, zur Bewältigung dieser Störung die Kompetenz zur Bestimmung der Führungsgröße an sich zu ziehen.

Gerade entgegen der theoretisch zu erwartenden Tendenz korrigiert das gestörte Teilsystem nicht nur die Führungsgröße, sondern okkupiert sie, zieht also den Primat bei der Bestimmung der Politik an sich[71]. Homologisierend könnte man formulieren, daß nicht das heile Teilsystem die Führungsgröße setzt, sondern das gestörte und daß

---

[69] Vgl. Politische Ökonomie, S. 55 f.

[70] Nachdrücklich vertritt dies *Naschold:* Organisation, S. 59; und *ders.:* Systemsteuerung, Stuttgart 1969, S. 14 (,Doppelcharakter jeder Verhaltenssteuerung').

[71] Anders als in der speziellen Organisationstheorie gilt also für das Gesamtsystem das Prinzip von Le Chatelier, nach dem sich das Gleichgewicht in einem System bei einer Störung in die Richtung verschiebt, bei der der Effekt der Störung am geringsten ist, gerade nicht: vgl. *Bogolepow* S. 43.

3.3. Die politische Funktion der Ökonomie 81

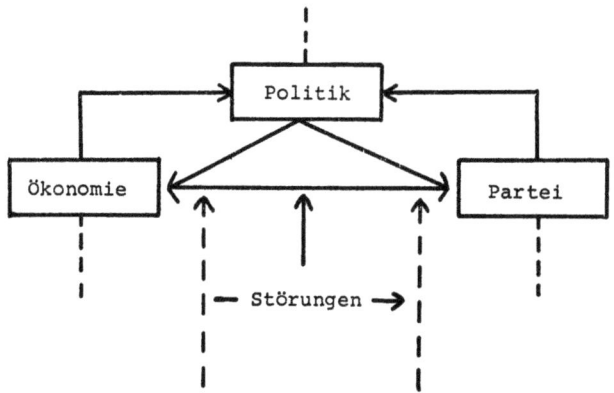

Schema 8
Innerer Regelkreis der Gesellschaft

dieses das heile zu seiner ‚Gesundung' einsetzt. Vor der Schaffung des NÖSPL ging die das System der DDR bedrohende Störung von der Ökonomie aus: Der Siebenjahresplan von 1959 war gescheitert, ebenso die Kampagne des Einholens und Überholens der BRD. Die Folge war eine technokratische Phase, in der die Ökonomie die Tendenz zeigte, die Führungsgrößen zu setzen und die Politik zu instrumentalisieren, indem die Partei auf wirtschaftlich-technologische Belange hin orientiert wurde. Die hieraus erwachsenden politischen Störungen wurden systembedrohend durch die den ‚Prager Frühling' kennzeichnenden ideologisch-ökonomischen Reformen und schließlich durch den Einmarsch einiger Warschauer Paktstaaten in die CSSR. Dieser Zeitpunkt markiert ziemlich genau ein in nahezu allen Publikationen feststellbare scharfe Akzentverlagerung von wirtschaftlichen Problemen auf die Betonung ideologischer Themen, insbesondere die führende Rolle der Partei[72]. Wieder zeigte sich die Tendenz, daß das wesentlich gestörte Teilsystem zur Verteidigung der eigenen Stellung den Führungsanspruch an sich zog[73].

---

[72] z. B. *Söder* S. 459; *Reinhold* S. 158; *Kannegiesser* S. 32 (alle 1968).

[73] Eine genaue Parallele dazu arbeitet *Luhmann* in einem anderen Zusammenhang für die BRD heraus: er zeigt auf, daß heute die wesentliche Störquelle die Wirtschaft ist und daß gleichzeitig das politische Teilsystem der Gesellschaft seine führende Stellung an die Wirtschaft abgibt, d. h. sich primär wirtschaftlichen Problemstellungen unterordnet. Nach der hier vertretenen These ist Luhmanns Folgerung, daß ohne diese unaufhörliche Problemanlieferung durch die Wirtschaft Politik kaum ein full time job wäre, gerade ins Gegenteil zu verkehren: erst dann wäre Politik wieder ein (politischer!) full time job und nicht wirtschaftliche Exekutivfunktion, wenn die Wirtschaft weniger störanfällig organisiert wäre. Inwieweit die Über-

Das rasche Abklingen der Krise um die CSSR, verbunden mit der Konzentration von Wirtschaft und Partei auf die Aufstellung des ersten Perspektivplanes und die Erfüllung des zu ihm hinführenden Zweijahresplanes 1969/70, hätte nun nach den Gesetzmäßigkeiten des kybernetischen Modells des GSS wieder zu einer relativen Dominanz der Ökonomie und einer Einschränkung der führenden Rolle der Partei führen müssen. M. E. ist dies nicht geschehen und zwar aufgrund eines auf Machtstabilisierung bezogenen Lernprozesses der Partei- und Staatsführung, der sich in einer gewandelten Demokratiekonzeption niederschlug. Die Auswirkungen dieses Lernprozesses zeigten sich zuerst im Wissenschaftssystem. In der Ökonomie dagegen wurde die 1967 eingeführte Konzeption des ÖSS bis zur 1970 einsetzenden Entmachtung *Ulbrichts* weitgehend durchgehalten und erst mit dem VIII. Parteitag 1971 zugunsten einer erheblich zentralistischeren Konzeption aufgegeben. (Dazu Kap. 4.)

3.3.1. Die Rolle der Wissenschaft

Die immer wieder geforderte Modellierung der Gesellschaft im Sinne der kybernetischen Systemtheorie erforderte ein relativ abstrahierendes wissenschaftliches Vorgehen, ein von der unmittelbaren Praxis relativ abgehobenes theoretisches Denken, welches bei einigen Wissenschaftlern zu einer gewissen „Eigendynamik des Erkenntnisprozesses" führte und zu einer Entfernung vom orthodoxen ‚Klassenstandpunkt'. Angesichts der Forderung, auch in der Frage der Modellierung und Leitung der Gesamtgesellschaft einen wissenschaftlichen Vorlauf zu erreichen, war dies wohl unvermeidlich, wenn tatsächlich die Förderung neuer Erkenntnisse beabsichtigt war und nicht die Zementierung alter. Trotz der wachsenden Bedeutung der Wissenschaft als Produktivkraft und der Erkenntnis, daß eine hocheffektive Wissenschaftsorganisation eine Schlüsselstellung in der wissenschaftlichen staatlichen Führungstätigkeit einnehmen müsse[74], wurde die restringierende Kritik an innovierenden wissenschaftlichen Ergebnisse deutlicher[75].

---

nahme der Führungsgrößen auf Lernprozessen beruht, die an den am meisten gefährdeten Punkten des Systems einsetzen, ist noch weitgehend ungeklärt: vgl. *Naschold:* Systemsteuerung, S. 61 f.

[74] So *Grossmann / Schulze:* Das Leninsche Prinzip des DZ und die wissenschaftliche staatliche Führungstätigkeit in der DDR, in: SuR 1970, S. 523 (534).

[75] Beispiele dafür sind: *Heuer,* der sich in einem 1969 geschriebenen Artikel selbst korrigieren muß: vgl. Organisation des Sozialismus, S. 1713; *Mollnau / Klenner,* deren projektiertes Buch über Rechtstheorie scharf kritisiert wurde: vgl. *Leichtfuss:* Bericht über eine Kollegiumssitzung zu rechtstheoretischen Fragen, in: SuR 1969, S. 106, bes. 111 f. und selbst ein so prominenter Wissenschaftler wie *Klaus,* dessen Entwurf eines Buches: Spieltheorie in philosophischer Sicht, ungewöhnlich scharf kritisiert wurde: vgl. *Albrecht,* in: DZfPh 1969, S. 1258 ff. — Vgl. auch die Kritik an *Klaus* von *Fiedler / Klimaszewsky / Söder:* Das Verhältnis der marxistisch-leninistischen Philosophie zu den

3.3. Die politische Funktion der Ökonomie

Es scheint, als habe sich das politisch-ideologische Teilsystem viel frühzeitiger als im Parallelfall der Wirtschaftsentwicklung in der technokratischen Phase gegen eine unkontrollierte Eigendynamik der Wissenschaft, gegen eine Verselbständigung der wissenschaftlichen Entwicklung zur Wehr gesetzt, um den eigenen Führungsanspruch zu behaupten. Der verstärkt gegenüber Wissenschaft und Wirtschaft hervorgehobene Führungsanspruch der marxistisch-leninistischen Partei auch in einer Phase, die durch die revolutionäre Entwicklung der Wissenschaft und der Produktivkräfte gekennzeichnet ist, widerspricht dem kybernetischen Modell des GSS. Denn nach diesem müßte in einer bezüglich der Störquellen ausgeglichenen Phase die Dynamik des Systems von demjenigen Teilsystem bestimmt werden, dessen innovierende Potenz maximal ist: Dies ist die Wissenschaft und in ihrem Gefolge die Wirtschaft.

Verstärkt müßte dies dann gelten, wenn die wirtschaftlichen Störungen sich verstärken[76]. Aus der Tatsache, daß die Partei ihren Führungsanspruch nicht nur behauptete, sondern verstärkte, muß gefolgert werden, daß die kybernetische Demokratiekonzeption nicht mehr ein der Wirklichkeit angemessenes Modell darstellte[77].

Im Rahmen einer kybernetischen Demokratiekonzeption ist es die Funktion der Leitungswissenschaft und verwandter Wissenschaften wie der politischen Ökonomie und der Staats- und Rechtstheorie, der Politik Orientierungshilfen und Entscheidungsgrundlagen zu erarbeiten, damit die Politik die auf sie einwirkenden Subsysteme in ein optimierendes Regelungsverhältnis bringen kann. Dies impliziert gleichzeitig eine Interpretation des DZ, in der die demokratische und die zentralistische Komponente so gewichtet sind, daß das Demokratisierungspotential gesellschaftlicher und staatlicher Organisation weitestgehend ausgenutzt wird, um die demokratischen Bedürfnisse der Werktätigen zu befriedigen.

Einzel- und Strukturwissenschaften. In: DZfPh 1972, S. 1321 ff. und die Replik von *Klaus / Liebscher:* Modernismus oder Wissenschaft?, in: DZfPh 1973, bes. S. 555 ff. u. 573 ff.

[76] Eine dahingehende Tendenz zeichnete sich im Sommer 1970 ab, nachdem Mittag mit scharfer Kritik an Planrückständen an die Öffentlichkeit trat: vgl. *Mittag, G.:* Die Durchführung des Volkswirtschaftsplanes 1970, in: ND vom 11. 6. 1970, S. 3 - 6 und vom 12. 6. 1970, S. 3 - 4. Der Jahresplan 1970 war deshalb von besonderer Bedeutung, weil er zum ersten Perspektivplan (1971 - 75) hinführte.

[77] Vgl. hierzu auch *Ludz, R.:* Die Zukunft der DDR, in: Das 198. Jahrzehnt, in: Die Zeit Nr. 41 vom 10. 10. 1969, S. 53, bes. S. 56; deutlich auch Politische Ökonomie, S. 194; vgl. auch die Analyse von *Köster, P.:* Zur Rolle kybernetisch-systemtheoretischer Methoden der Wirtschaftslenkung in der DDR, in: Zeitschrift für Soziologie 5, 1976, S. 146 ff. Guter Überblick bei *Damus, R.:* Entscheidungsstrukturen und Funktionsprobleme in der DDR-Wirtschaft, Frankfurt 1973, bes. S. 64 ff.

Wenn dagegen Wissenschaft so gesteuert wird, daß sie nur systemstabilisierend zur Effizienzsteigerung beitragen kann, so wird die demokratische Komponente des DZ den überkommenen Systemgesetzlichkeiten untergeordnet. Dies muß sich unmittelbar auf den Inhalt der Politik auswirken. Daher ist der Grad der Disziplinierung der Wissenschaft ein wesentliches Indiz für die Qualität der Demokratiekonzeption und läßt über die disziplinierende Instanz Rückschlüsse auf Herrschaftsverhältnisse — oder kybernetisch gesprochen — auf die Besetzung von Regler und Regelstrecken zu.

Für die Phase nach der Besetzung der CSSR nehmen die Anzeichen zu, daß die führende Rolle der Partei so verstanden und von einer entsprechenden Interpretation des DZ untermauert wird, daß von einer kybernetischen Demokratiekonzeption nicht mehr die Rede sein kann.

4. Die Konzeption des kontrollierten Wandels

Die Problemformel Demokratie und Komplexität ist die generalisierte Fassung der älteren Problemformel Partizipation und Effizienz. Die Leitungswissenschaft entwickelte sich als Versuch einer Vermittlungsstrategie. Sie steht mithin im Schnittpunkt divergierender konkreter Interessen. Ihre jeweilige Fassung und die Richtung, in der sie weitergetrieben wird, lassen daher Rückschlüsse auch auf die je dominierende Interessenlage zu.

Lenin hatte versucht, dasselbe Problem durch die Entwicklung des Prinzips des DZ zu lösen. Zwar betonte *Lenin*, daß man sich darüber klar werden müsse, „wie sehr sich der DZ einerseits vom bürokratischen Zentralismus, andererseits vom Anarchismus unterscheidet"[1], doch machte er gleichzeitig deutlich, daß mit der Formel des DZ das Problem nur verschoben war in die konkrete inhaltliche Bestimmung des Prinzips. *Lenin* selbst hatte unter dem Zwang eines möglichst schnellen und umfassenden Aufbaus der sowjetischen Wirtschafts- und Staatsmacht die Rolle der Zentralisation auf Kosten eines auf Ausführung reduzierten Demokratiebegriffs überbetont und Partizipation im wesentlich auf bestimmte Formen der Kontrolle beschränkt[2]. *Lenin* hob hervor, daß es die gröbste Entstellung der Grundprinzipien der Sowjetmacht und eine völlige Abkehr vom Sozialismus sei, wenn den Arbeitern einer Fabrik oder eines Berufszweiges in irgendeiner Form das Recht zuerkannt würde, die Anordnungen der gesamtstaatlichen Macht abzuschwächen oder zu behindern[3]. In der Phase der Neuen Ökonomischen Politik allerdings mußte dieser strikte Zentralismus zugunsten ökonomischer Selbstregelungen weitgehend eingeschränkt werden.

Das von *Lenin* angenommene alternative Verhältnis von Partizipation und Effizienz wurde damit zwar korrigiert, doch geht auch das ÖSS bei weitem noch nicht von einem komplementären Verhältnis von Partizipation und Effizienz aus: Die Ausnutzung der materiellen Interessiertheit der Werktätigen durch direkte Gewinnbeteiligung in Form von Zuweisungen aus Prämienfonds und die Berücksichtigung ihrer demo-

---

[1] *Lenin*, zit. bei *Heuer*: Organisation, S. 1709.
[2] Vgl. *Heuer* S. 1710.
[3] Vgl. *Lenin*, W.: Über den Demokratismus und den sozialistischen Charakter der Sowjetmacht, in: ders.: Über die Heranziehung der Massen zur Leitung des Staates, Berlin (Ost) 1965, S. 118.

kratischen Bedürfnisse durch die Möglichkeit der Planung des eigenen Führungsbereiches, der Plandiskussion und durch das System der Planinformation zeigen Ansätze der Ausnutzung der Partizipation zur Steigerung der Effizienz, also die Entwicklung einer bestimmten Art von komplementärem Verhältnis von Demokratie und Effizienz[4].

Besonders *Heuer* betonte die Notwendigkeit eines komplementären Verhältnisses und setzte sich für eine Ausweitung der Partizipation ein. Allerdings sah er sich später gezwungen, seine Position zu korrigieren und nun die Rolle des sozialistischen Staates herauszustellen und vor der Gefahr von Erscheinungen der Technokratie und des „Managertums" zu warnen[5]. An dieser Korrektur zeigt sich beispielhaft, daß sowohl die technokratische, als auch die kybernetische Demokratiekonzeption als Modelle in dem Maße von der Wirklichkeit abweichen mußten, in dem sie von den gegebenen Macht- und Herrschaftsverhältnissen und dem ideologischen Interesse an ihrer Erhaltung abstrahieren.

Unter dem Aspekt der Vervollkommnung der führenden Rolle der Partei, der Festigung der ideologischen Bewußtheit der Massen und der Stabilisierung geronnener Machtverhältnisse ergibt sich unter dem Zwang zu wirtschaftlichem Wachstum als Hauptproblem die Steigerung der wissenschaftlich-technisch-ökonomischen Effizienz bei gleichzeitiger Erhaltung und Festigung der Führungsstruktur und der Zielpräferenzen[6]: Zu optimieren sind hier Effizienz und Effektivität eines Systems, dessen Ziele selbst jedoch nicht in das Regelungsverhältnis des DZ mit einbezogen sind. Im kybernetischen Modell der Gesellschaft müßten gemäß dem Prinzip der Selbstregelung *auch* die Führungsgrößen als die Ziele der gesellschaftlichen Entwicklung durch Störungen aus der Umwelt und durch die Reaktionen der Subsysteme (Regelstrecken) beeinflußt und geändert werden, da nach Art. 2 I der Verf. der DDR die Werktätigen alle politische Macht ausüben, mithin die Führungsgröße der Entwicklung der Bedürfnisse der Werktätigen folgen müßte (Folgeregelung). Z. B. müßte das Ziel einer maximalen Planverwirklichung eingeschränkt werden, wenn das Interesse der Werktätigen an einer 5-Tage-Woche größer wäre, als das Interesse an einer Steigerung des Bruttosozialprodukts von X %. An diesem (vereinfachenden) Bei-

---

[4] Vgl. dazu bes. *Heuer:* Demokratie und Recht, S. 147 und die Ausführungen von *Naschold:* Organisation, S. 70.

[5] *Heuer:* Organisation des Sozialismus, S. 1713 und S. 1715 vgl. auch *Heuer,* U.-J.: Gesellschaftliche Gesetze und politische Organisation, Berlin (Ost) 1974, S. 115 f.

[6] So *Haney / Oberländer:* Sozialistische Staatlichkeit ohne Bewußtheit?, SuR 1970, S. 80, *Hofmann,* H.: W. I. Lenin über die Dialektik von Staatsmacht, Ökonomie und sozialistische Gesellschaft, SuR 1970, S. 164, bes. S. 177; vgl. auch Politische Ökonomie, S. 362.

spiel wird bereits deutlich, daß Bestimmung und Bewertung von Interessen ein zentrales Problem jeder — insbesondere auch der kybernetischen — Demokratiekonzeption ist; denn durch eine Manipulierung der Interessen oder eine Manipulierung der Festlegung und Interpretation der Interessen kann — auch innerhalb des Rahmens und der Begrifflichkeit des kybernetischen Modells — aus der Regelung eine Pseudo-Regelung, aus der Beteiligung der Werktätigen eine Pseudo-Beteiligung werden[7].

Das kybernetische Modell erfordert die Möglichkeit von Interessendivergenzen; fingierte oder empfohlene Interessenidentität verkürzt die Regelung zum rückkopplungsfreien Mechanismus, zur Steuerung nach vorgegebenen Zielen. Vorgegebene Ziele manifestieren sich nicht nur in festgelegten Interessen, sondern auch in „objektiven Gesetzen", nach denen sich Interessen auszurichten haben. Stehen diese im Vordergrund, so kann von einer kybernetischen Austarierung der Divergenzen nicht die Rede sein.

4.1. Die objektiven Gesetze der gesellschaftlichen Entwicklung

Art. 2 IV der Verf. der DDR legt fest, daß die Übereinstimmung der politischen, materiellen und kulturellen Interessen der Werktätigen und ihrer Kollektive mit den gesellschaftlichen Erfordernissen die wichtigste Triebkraft der sozialistischen Gesellschaft sei. Die gesellschaftlichen Erfordernisse werden definiert durch die objektiven Entwicklungsgesetze der sozialistischen Gesellschaft.

Die Objektivität sozialer Gesetze springt nicht ins Auge, sondern sie muß erarbeitet, festgestellt und begründet werden[8]. Im Rahmen eines gesellschaftlichen Systems, in dem die Wissenschaft das auf die Definition von ‚Wahrheit' spezialisierte Subsystem ist[9], gilt als Indikator für die Richtigkeit oder Wahrheit von Aussagen ihr Grad an Wissenschaftlichkeit. Die objektiven Gesetze der sozialistischen Gesellschaft müssen mithin wissenschaftlich begründet sein, um als objektiv gelten zu können. Dies bedingt — neben einem Jargon der Wissenschaftlichkeit — eine wissenschaftlich fundierte Führungs- und Leitungstätigkeit, um die Gesetze des Sozialismus voll zur Geltung bringen zu können.

---

[7] Vgl. zu dieser Problematik *Naschold:* Organisation, S. 69; *Heuer:* Gesellschaftliche Gesetze, S. 146 ff.
[8] Vgl. *Afanasjew* S. 291.
[9] Vgl. *Luhmann,* N.: Moderne Systemtheorie als Form gesamtgesellschaftlicher Analyse. In: Habermas / Luhmann: Theorie der Gesellschaft oder Sozialtechnologie — Was leistet die Systemforschung?, Frankfurt 1971, S. 16.

4. Die Konzeption des kontrollierten Wandels

Sozialistische Wissenschaft kann nach ihrem Selbstverständnis nicht ‚objektiv'[10] sein, sondern sie muß den Klassenstandpunkt reflektieren und auf dem Boden der marxistisch-leninistischen Philosophie und der Gesellschaftstheorie des Sozialismus stehen. Sozialistische Wissenschaft ist ihrem Selbstverständnis nach notwendig parteilich[11]. Daraus folgt, daß wissenschaftlich begründete objektive Gesetze im Sozialismus notwendig parteilich sind: Die Formulierung sozialer Gesetze kann (systemimmanent) nur objektiv parteilich erfolgen. Dies überrascht nicht, da auch in der BRD zumindest seit dem Positivismus-Streit in der Soziologie die Erkenntnis an Boden gewinnt, daß Parteilichkeit allen sozialen Gesetzen immanent ist. Soziale Gesetze repräsentieren nicht ‚Sachgesetzlichkeiten', wie vielleicht einige naturwissenschaftliche Gesetze, sondern gesellschaftlich und ideologisch vermittelte Interpretationen empirischer Daten, denen bestimmte Erkenntnisinteressen zugrundeliegen[12].

Wesentlich wird daher, *wer* die vorliegenden Daten interpretiert, mit welcher Verbindlichkeit interpretiert wird und wie die Funktion von Kritik im System der Wissenschaft konzipiert ist[13].

Die objektiven sozialen Gesetze stehen in einem dialektischen Verhältnis zur Leitungswissenschaft (vgl. zur Veranschaulichung Schema 9): Sie setzen den Rahmen für die leitungswissenschaftliche Forschung und werden gleichzeitig durch die Leitungswissenschaft selbst präzisiert und in Handlungsanweisungen umgesetzt. *Afanasjew* versteht die wissenschaftliche Leitung „als die Verwirklichung der Forderungen der objektiven Gesetze und fortschrittlichen Tendenzen, die der sozialistischen Gesellschaft eigen sind". Leitung erschöpft sich aber nicht in der empirischen Erkenntnis der Gesetze und in passivem Anpassen an ihre Forderungen, sondern sie verlangt eine aktive und geschickte Anwendung der wissenschaftlich erarbeiteten objektiven Gesetze: „Das Wesen der objektiven Gesetze des Sozialismus ist so, daß sie erkannt und angewandt werden können[14]."

Von wesentlicher Bedeutung sind die objektiven sozialen Gesetze vor allem für die Prognostik, mit der sie in analoger Weise dialektisch vermittelt sind. Die Prognostik untersucht die mittel- und langfristigen

---

[10] Hier im Sinne der post-Weberschen Wertfreiheit.
[11] Vgl. *Thiessen:* Die Parteilichkeit der Wissenschaft, in: Einheit 1970, S. 29 ff.; bezüglich der MLO vgl. *Heuer:* Organisation, S. 1715.
[12] Vgl. bes. *Habermas, J.:* Erkenntnis und Interesse, Frankfurt 1968, S. 347 ff. und *ders.:* Erkenntnis und Interesse, in: Habermas: Technik und Wissenschaft als Ideologie, Frankfurt 1969², S. 158 ff.
[13] Vgl. hierzu *Afanasjew,* S. 327, der zwar richtig bemerkt, daß nur eine solche Kritik effektiv ist, die eine schöpferische Tendenz aufweist, jedoch nicht darauf hinweist, daß schöpferische Kritik oft zerstörerische Kritik voraussetzt; zur systemverändernden Rolle von Kritik vgl. *Klaus, G.:* Kybernetik und Gesellschaft, Berlin (Ost) 1961, S. 338 ff.
[14] Beide Zitate: *Afanasjew* S. 291.

4.1. Die objektiven Gesetze der gesellschaftlichen Entwicklung

Schema 9
System der objektiven sozialen Gesetze nach *Dzykonski / Loose*[15]

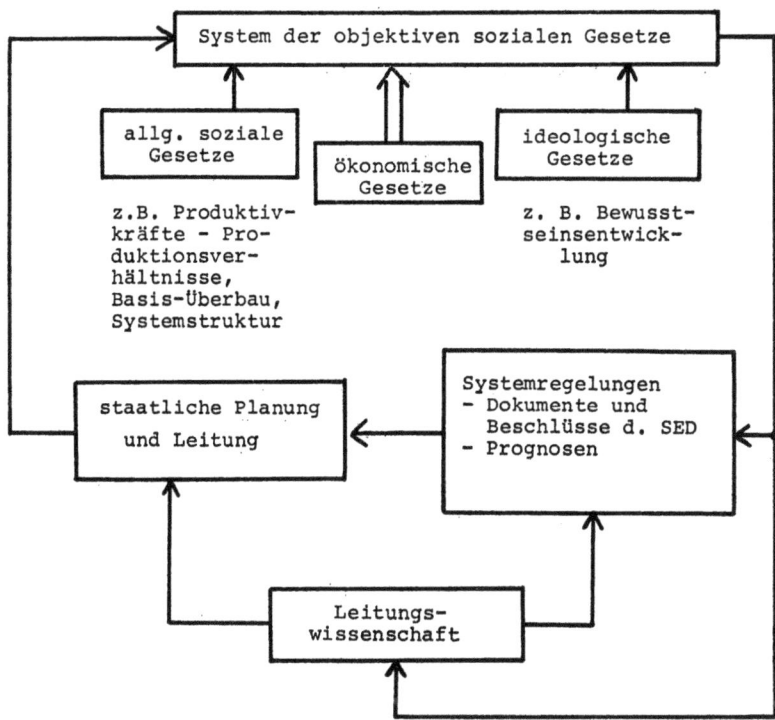

Wirkungsweisen und Entwicklungszusammenhänge der objektiven sozialen Gesetze und setzt diese um in Direktiven für die einzelnen Stufen der Planung und in Entscheidungsgrundlagen für Systemregelungen (Strukturentscheidungen).

Sozialistische Politik ist allgemein definiert als Verwirklichung der objektiven sozialen Gesetze. Umgekehrt ist die Richtigkeit, der Erfolg einer Politik ausgewiesen durch ihre Übereinstimmung mit den objektiven Entwicklungsgesetzen der sozialistischen Gesellschaft. Da die Auswirkungen von Politik individuell-konkret erfahrbar sind, die Existenz objektiver sozialer Gesetze — insbesondere jener ökonomischer und ideologischer Art — aber eine Frage des Bewußtseins und der intellektuellen Überzeugung ist, ist die Gefahr nicht von der Hand zu weisen,

---

[15] Vgl. *Dzykonski / Loose:* Systemcharakter der objektiven sozialen Gesetze des Sozialismus, Gesellschaftsprognose und sozialistisches Recht, in: SuR 1969, S. 1619, bes. S. 1620 - 1623; sie weisen auch darauf hin, daß in der Wechselwirkung zwischen objektiven Gesetzen, Systemregelungen und staatlicher Planung und Leitung die objektiven ökonomischen Gesetze letztlich bestimmend sind.

daß zur Begründung einer Politik nicht die Übereinstimmung der Politik mit den objektiven sozialen Gesetzen, sondern die Übereinstimmung dieser Gesetze mit der Politik nachgewiesen wird.

4.1.1. Die führende Rolle der Partei als objektives Gesetz

Diese Gefahr muß insbesondere dann groß sein, wenn die wissenschaftliche Erarbeitung der Entwicklungsgesetze der sozialistischen Gesellschaft in einem Organ oder einer Institution oder gar einer Person zusammenfällt mit der Konzipierung und Durchführung der Politik.

In der DDR hat die Partei beide Funktionen auf sich vereint. *Ulbricht* schreibt, daß die Partei mit der Gesellschaftsprognostik über ein den heutigen Erfordernissen entsprechendes Instrument wissenschaftlicher Führungstätigkeit verfügt und daß sie damit in der Lage ist, „Klarheit über Weg und Ziel unserer gesellschaftlichen Entwicklung (zu vermitteln"[16]. Auch *Weichelt* betont, daß die Partei ständig die objektiv-notwendigen Aufgaben und Schritte der Gesellschaftsentwicklung in ihrer Gesamtheit wissenschaftlich und prognostisch herausarbeitet und ihre Verwirklichung organisiert[17]. *Mittag* et al formulieren:

„Alle wesentlichen Fragen sozialistischer Führungstätigkeit einschließlich und vor allem die ökonomischen leiten sich letztlich aus der führenden Rolle der Arbeiterklasse und ihrer Partei in der sozialistischen Gesellschaft ab[18]."

Dies heißt, daß das grundlegende objektive Gesetz die führende Rolle der Partei, ihr Herrschaftsanspruch ist, und daß auf dieser Grundlage erst andere objektive Gesetze definiert werden können. Die innovatorischen Potenzen von Wissenschaft und Ökonomie können demnach nur in dem von der Partei gesteckten Rahmen sich auswirken und keinesfalls, wie *Heuer* noch vertreten hatte, selbst eigendynamische Prozesse aktivieren. Die bestehende Eigendynamik von Wirtschaft und Wissenschaft und ihre Auswirkungen auf die demokratischen Bedürfnisse der Bürger, auf die Rolle der Eigenverantwortung und Selbstorganisation müssen nach diesem Verständnis der objektiven sozialen Gesetze untergeordnet werden unter die zentrale Leitung durch die Partei. Konsequent vertreten *Mittag* et al, daß eine entsprechende Anwendung des DZ bei der Gestaltung des ÖSS „in erster Linie" die zentrale staatliche Planung und Leitung des gesellschaftlichen Reproduktionsbereiches be-

---
[16] *Ulbricht* S. 525; prosaischer drückte sich Ulbricht in einem Artikel in der ND vom 29.3.1966 aus: „Und wenn es Meckerer gibt, denen das ‚Lied von der Partei' von Louis Fürnberg nicht ganz gefällt, weil es darin heißt ‚die Partei, die Partei hat immer recht', so antworten wir ihnen: Jawohl, die Partei hat immer recht."; vgl. dazu auch *Afanasjew*, S. 149.
[17] Vgl. *Weichelt*, W.: Die erste sozialistische deutsche Verfassung, Berlin (Ost) 1969², S. 29.
[18] Politische Ökonomie S. 362.

deute[19]. Und noch deutlicher schreiben *Grossmann / Schulze*, daß in der Dialektik des Wechselverhältnisses von zentraler staatlicher Planung und Leitung einerseits und hoher Eigenverantwortung und demokratischer Masseninitiative andererseits „entsprechend dem DZ die zentrale staatliche Planung und Leitung das Primat (hat)"[20]!

Nach dieser Konzeption ist sozialer Wandel nicht mehr das Ergebnis eines Regelungsprozesses zwischen den beiden dialektisch vermittelten Seiten des DZ, zwischen den individuellen, kollektiven und gesellschaftlichen Interessen, zwischen der Dynamik der wissenschaftlich-technischen Revolution und dem Beharrungsvermögen von Herrschaftsverhältnissen; hier ist sozialer Wandel das kalkulierte und geplante Ergebnis einer politischen Kosten-Nutzen-Rechnung, die von denjenigen veranstaltet wird, die bereits herrschen, mithin den Nutzen definieren.

4.2. Zweigleisigkeit der Politik und Herrschaftsstruktur

Wer aber herrscht? In der DDR sind, wie in jeder hochkomplexen Gesellschaft mit weitgehender funktionaler Binnendifferenzierung die traditionellen Komponenten der Herrschaft wie Macht, Entscheidungsbefugnis oder Verfügung über Kommunikationskanäle zwar wichtige aber nicht mehr ausschlaggebende Kriterien politischer Herrschaft. Spezialisierte Subsysteme wie Militär, Parteiapparat oder die Massenmedien haben Teilfunktionen von Herrschaft übernommen, ohne unmittelbar Herrschaft auszuüben. Sie sind Instrumente der Herrschaft, die in ihren Funktionen teilweise austauschbar und mithin leicht zu kontrollieren sind. Diese Instrumentalisierung der traditionellen Komponenten der Herrschaft hat zur Folge nicht nur eine Effizienzsteigerung der einzelnen Funktionen von Herrschaft, sondern darüber hinaus vor allem eine strukturelle Anpassung der organisatorischen Formen der Herrschaftsausübung an den von der Gesellschaft erreichten Grad an Komplexität. In einer hochkomplexen Gesellschaft wird die Erhaltung und kontinuierliche Weiterentwicklung des einmal erreichten Grades an Komplexität zum gesellschaftlichen Basis-Ziel, aufgrund dessen erst andere Ziele erreichbar erscheinen (dies allerdings nicht zwangsläufig! Nur im Umfeld der Wachstumsideologie und im Rahmen des internationalen Konkurrenzsystems erscheint es als unausweichlich). Die organisatorischen Voraussetzungen für die Erreichung grundlegender gesellschaftlicher Ziele — etwa die Maximierung von Glück und Zufriedenheit von Individuen und ihren Kollektiven — scheinen unter den Bedingungen einer hochkomplexen Gesellschaft so wesentlich zu wer-

---
[19] Politische Ökonomie S. 206.
[20] *Grossmann / Schulze* S. 533.

den, daß sich das Organisieren verselbständigt und, über eine Zielverschiebung[21] von gesellschaftlichem Ausmaß und scheinbarer Notwendigkeit, die Organisation der Zielverwirklichung und die Erhaltung der hierfür aufgebauten Organisationsstrukturen zum eigenständigen und primären Ziel wird.

Wenn die Sicherung des erreichten Komplexitätsgrades zum gesellschaftlichen Gesamtinteresse gemacht wird[22], wenn die Steigerung der Komplexität zum Kriterium des sozialen Fortschritts erhoben wird[23], dann beinhaltet dies gleichzeitig einen Funktionswandel der Herrschaft: Herrschaft wird in einen systemimmanenten Koordinations-, Kontroll- und Kommunikationsmechanismus verwandelt, der die Aufgabe hat, die bisherigen Errungenschaften quantitativ fortzuschreiben. Darüber, daß dies durchaus *auch* Äußerungen der Herrschaftsausübung sind, wird oft übersehen, daß sich eigentliche Herrschaft herausverlagert hat aus dem auf die Gegenwart orientierten Aufgabenbereich (nämlich das komplexe gesellschaftliche System in Gang zu halten, es funktionsfähig zu erhalten, einen reibungslosen Ablauf zu gewährleisten) und sich hineinverlagert hat in einen zukunftsorientierten Aufgabenbereich: die Entwicklungsrichtung des Gesamtsystems zu bestimmen, die Hierarchie der zu verwirklichenden gesellschaftlichen Ziele festzulegen, die Prioritäten unter den möglichen Entwicklungstrends zu setzen[24].

Die funktional-strukturellen Aspekte der Politik werden vom Aspekt der Evolution der Gesellschaft überlagert. *Afanasjew* bemerkt dazu m. E. richtig, daß die Entwicklungsgesetze (Gesetzmäßigkeiten der gesellschaftlichen Evolution) sich die strukturell-funktionalen Gesetze (Gesetze des optimalen Funktionierens der Gesellschaft) unterordnen und das System ihres Zusammenwirkens organisieren und regeln[25]. Im zukunftsorientierten Bereich der Politik werden die Entwicklungsgesetze als strategisches Programm festgelegt. Sie bilden den langfristigen Rahmen für das Wirken der strukturell-funktionalen Gesetze, welche dadurch nur in relativer Autonomie und grundsätzlich-dynamisch vorprogrammiert zur Geltung kommen können. Traditionelle Politik als die bewußte Verwirklichung der im strukturell-funktionalen Bereich der Gesellschaft geltenden „objektiven" Gesetze umfaßt daher nur einen

---

[21] Zum Begriff vgl. *Etzioni:* Modern Organizations, S. 10.
[22] So Politische Ökonomie, S. 199.
[23] So *Ulbricht:* Die Bedeutung, S. 38; ganz analog hat in der BRD Luhmann dies vertreten (*Luhmann,* N.: Moderne Systemtheorie, S. 18 ff.) und das Wesen der Demokratie in der Erhaltung der Komplexität trotz laufender Entscheidungsarbeit gesehen (*ders.:* Komplexität und Demokratie, S. 39 f.).
[24] So ausdrücklich *Deutsch,* K.: The Nerves of Government, New York 1966, S. 124.
[25] Vgl. *Afanasjew* S. 300.

4.2. Zweigleisigkeit der Politik und Herrschaftsstruktur

Teilbereich der wissenschaftlichen Leitung der Gesellschaft — und zudem einen in übergeordneter Abhängigkeit stehenden.

Zweifellos ist es eine wichtige Aufgabe der Politik und mithin der Herrschaftsausübung, die Koordinations- und Funktionszusammenhänge der gesellschaftlichen Teilsysteme zu erhalten und ihre Integration zu einem System der Gesamtgesellschaft zu gewährleisten. Doch ist Politik nicht auf diese eher organisatorischen Aufgaben beschränkt. Immer wesentlicher und für die Gesellschaft bestimmender werden ihre innovatorischführenden Funktionen, die Aufgabe, neue Entwicklungsziele für die Gesamtgesellschaft zu erarbeiten.

Die Zukunft ist disponibel geworden und mithin Objekt der Herrschaftsausübung. Dies bedeutet, daß Politik zweigleisig geworden ist: Sie muß die Ergebnisse der Gegenwart erhalten und durch eine optimale Organisation die Kosten des Erhaltens minimieren; und sie muß die Entwicklungsperspektiven des Systems erarbeiten und zur Wahl stellen. Der letzteren Aufgabe kann sich Politik um so weniger entziehen, als die Anziehungskraft gesellschaftlicher Systeme nicht mehr so sehr davon bestimmt wird, wie sie sich gegenwärtig darstellen, sondern in steigendem Maße von der Einschätzung ihrer innovatorischen Potenz, ihrer Fähigkeit, die Zukunft nach Zielen zu gestalten, die eine menschenwürdige Existenz ermöglichen[26].

Die Zweigleisigkeit der Politik kommt nicht zuletzt darin zum Ausdruck, daß für die beiden Bereiche durchaus unterschiedliche Organisationsformen und Verfahren erkennbar sind. Im Bereich der gegenwärtig konkreten Aufgaben, insbesondere der Erhaltung der Funktionsfähigkeit der Wirtschaft und Wissenschaft (die Erhaltung allein schließt eine kontinuierliche Weiterentwicklung mit ein), scheint die wachsende Differenzierung und Spezialisierung eine Ausweitung der Selbstorganisation und Mitbestimmung, der Eigenverantwortung und Mitentscheidung der Beteiligten unumgänglich zu machen. Immer mehr Personen müssen qualitativ in den Meinungsbildungs- und Entscheidungsprozeß einbezogen werden, allein schon, um eine sachgerechte Entscheidung zu gewährleisten[27].

Z. B. treten in einem größeren VEB oder Konzern neben den Leiter der technische Direktor, das kooperierende wissenschaftliche Institut, der gesellschaftliche Rat, Rechtsexperten, das Produktionskommitee, die Betriebssektion der Kammer der Technik, die wissenschaftlich-ökonomischen Räte usw., und verbreitern die Basis der an Entscheidungen

---

[26] Man könnte vom ‚Prinzip Hoffnung' bezüglich der Beurteilung politischer Systeme sprechen.
[27] So ausdrücklich *Afanasjew* S. 177 f.

Beteiligten[28]. Es wird aber dadurch nicht nur Partizipation verstärkt; zumindest der Möglichkeit nach wird durch das kumulierte Fachwissen der Beteiligten die Qualität der Entscheidungen und mithin die Effizienz des Betriebes verbessert. Diese symbiotische Verbindung von Partizipation und Effizienz scheint besonders dort erfolgreich, wo auf einen bereits feststehenden Zweck hin Kräfte und Mittel organisiert werden müssen. Der Zweck — etwa die Schaffung eines Wirtschaftsgesetzbuches oder die Modellierung eines Elektronik-Kombinats — ist i. d. R. aufgrund der erreichten Komplexität und Kompliziertheit der Materie nur kooperativ zu erreichen, doch können gerade aufgrund der Zweckgebundenheit der Kooperation eigendynamische Tendenzen, die auf Beibehaltung der Ausweitung der partizipatorischen und insofern demokratischen Organisationsformen drängen, von der zwecksetzenden Instanz abgefangen werden: Partizipation ist strikt zweckgebunden; sie darf den Zweck selbst nicht in Frage stellen. Als eigenständiger, emanzipatorischer Wert erscheint Partizipation in der Phase des Sozialismus dem Leistungsprinzip untergeordnet zu sein: Partizipation ist in diesem Bereich nur dort möglich und erwünscht, wo sie zur Leistungssteigerung beiträgt.

Wo die Zwecke in Form von Interessendefinitionen, „objektiven" Gesetzen oder Planzielen vorgegeben sind, beschränkt sich Beteiligung und Selbstregelung auf die Frage der optimalen Organisation der Mittel zur Erreichung des gesetzten Zweckes. Während dies im Bereich der Organisation kollegiale, funktionsbezogene, partizipatorische und in diesem Sinne demokratische Interaktions- und Entscheidungsformen zumindest nicht ausschließt, macht diese Demokratie am entscheidenden Punkt halt: an der Bestimmung der Ziele. Die Betonung der Wichtigkeit der Organisation darf nicht darüber hinwegtäuschen, daß damit nur der Bereich der Durchführung erfaßt ist, nicht aber der Bereich der Führung. Die Durchführung z. B. ökonomischer, ideologischer, wissenschaftlicher oder militärpolitischer Ziele wird mit der Vervollständigung wissenschaftlicher Erkenntnis über die zugrundeliegenden Prozesse zunehmend berechenbar, automatisierbar und mithin in ihren Herrschaftsimplikaten kalkulierbar. Die Durchführung kann delegiert und in demokratischen Formen vollzogen werden, ohne daß systembedrohende Auswirkungen zu ‚befürchten' wären. Die wesentliche Weichenstellung, die Bestimmung der Bewegungsrichtung des Systems durch die Festlegung der durchzuführenden Ziele bleibt davon unberührt. Im Bereich der Durchführung ist die Rezeption neuer Erkenntnisse der Organisationswissenschaft, der Sozialwissenschaften oder Wirtschaftswissenschaften,

---

[28] Vgl. *Bronuzkaja*, W.: Entfaltung der sozialistischen Demokratie und bewußt gestaltete Beziehungen zwischen Mitgliedern demokratischer Organe und ihren Arbeitskollektiven, in: Wirtschaftswissenschaft 1969, S. 1839 ff.

4.2. Zweigleisigkeit der Politik und Herrschaftsstruktur

also die Anpassung des Leitungssystems an den Komplexitätsgrad der zu leitenden Prozesse zur Steigerung der Produktivität geradezu unumgänglich und systemkonform[29].

Das zweite Gleis der Politik, der Bereich der zukunftsbezogenen-perspektivischen Aufgaben dagegen scheint anderen Gesetzen unterworfen. In diesem Bereich werden die mittel- und langfristigen Ziele entworfen und in einer Hierarchie geordnet, hier fallen die strategischen Entscheidungen, die nachfolgende (taktische) Entscheidungen weitgehend vorprogrammieren und insofern auf Ausführungshandeln reduzieren.

Die mittel- und langfristigen Zielsetzungen (z. B. die Entscheidung, daß im Perspektivplan-Zeitraum die Entwicklung der Chemie und der Elektronikindustrie Priorität vor derjenigen der Bau- und Leichtmaschinenindustrie haben soll), die in diesem Bereich der Politik formuliert werden, haben für die einzelnen Bürger und ihre Kollektive und für die Gesamtgesellschaft erheblich tiefgreifendere Bedeutung als die Folge-Entscheidungen, welche im traditionellen Raum der Politik dann noch vonnöten sind[30]. Wesentlich für den Bürger wie für die Gesellschaft ist die Frage, ob die eigenständige Erreichung des ‚Welt-Niveaus' in der Computer-Industrie oder der Weltraumtechnik wichtiger sein soll, als die Verbesserung der Produktivität der Landwirtschaft oder der Konsumgüterindustrie; ob die Wissenschaft objektbezogen und in die Wirtschaft integriert arbeiten soll oder in kritischer Distanz zu den Folgeproblemen rapider wirtschaftlicher und technischer Entwicklung; ob eine die Rolle der Partei und der zentralen staatlichen Planung betonende Interpretation des DZ den Vorrang haben soll vor einer Interpretation, die die Erfordernisse der sozialistischen Demokratie, der Selbstorganisation und der Beteiligung der Werktätigen an ihren Angelegenheiten betont. Ist hier einmal über die Prioritäten entschieden, so sind die taktischen Entscheidungen (die oft für die ganze Politik gehalten werden) eingebettet in einen Rahmen, der Alternativen kaum mehr zuläßt.

Daraus wird ersichtlich, daß Entscheidungen im Sinne von Auswahl aus Alternativen, Machtausübung und Herrschaft in jenem zweiten Bereich der Politik konzentriert ist, der — vielleicht gerade deshalb — noch kaum in das Bewußtsein der Gesellschaft gerückt ist.

Die DDR als eine sich als sozialistische Demokratie verstehende Gesellschaft, die in ihrer Verfassung postuliert, daß alle Macht nicht nur

---

[29] Vgl. *Afanasjew* S. 176, der die notwendige Übereinstimmung der Komplexität von Subjekt und Objekt der Leitung betont.

[30] *Afanasjew* S. 177, spricht von einer Vorprogrammierung der niederen Leitungsebene durch die höhere, die so weit gehe, daß das Programm der niederen Ebene „nichts anderes ist als ein Teil des von oben erteilten Programms, seine Konkretisierung und Detaillierung".

vom Volke ausgeht (wie Art. 20 II GG), sondern auch ausgeübt wird (Art. 2 I der Verf.), müßte in dieser Sicht Verfahren entwickeln und praktizieren, die eine demokratische Beteiligung der Werktätigen gerade bei strategischen Entscheidungen gewährleistet. In diesem für die Herrschaftsstruktur einer modernen hochindustrialisierten Gesellschaft zentralen Bereich scheint jedoch das von *Lenin*[31] verteidigte elitäre Führerprinzip ungebrochen. Deutlich ausgeprägte Formen des Personenkultes (in der DDR-Wissenschaft z. B. der obligate Verweis auf irgendeine Aussage des Parteichefs am Anfang und am Ende praktisch jeder wissenschaftlicher Abhandlung) weisen darauf hin, daß im Zentrum der Machtausübung Politik mit Hilfe rein personaler Herrschaftsapparate gemacht wird, letztlich also „auf archaisch-triablen Interaktionsmustern des wechselseitigen Förderns und Helfens und der Erhaltung eines Kontaktsystems persönlicher Beziehungen (beruht)"[32]. Damit schrumpfen im Kernbereich der Politik die weitreichenden gesellschaftlichen Zielsetzungen auf die Interessen eines kleinen Kreises ‚politischer Freunde' zusammen; eine „strategische Führungsclique" *(Ludz)* bestimmt das Programm der Gesellschaft.

In der Phase der technokratischen und noch der kybernetischen Demokratiekonzeption beobachtete *Ludz* die Erstarkung einer institutionalisierten Gegenelite der Experten und Manager in der Partei gegenüber dem absoluten Herrschaftsanspruch der strategischen Führungsclique[33]. Die wachsende Komplexität der gesellschaftlichen Leitung schien eine Delegierung von Machtausübung und Entscheidungskompetenzen an Fachleute zu erzwingen. Später beobachtete *Ludz,* daß es nicht zu einer Polarisation zwischen strategischer Clique und funktionaler Gegenelite gekommen war, sondern daß Experten wie *Mittag, Arnold, Kleiber* oder *Halbritter* in die Führungsclique integriert wurden und mithin sich deren Interessen zu eigen machten[34].

Für einzelne Personen mag das Bild einer Integration zutreffen. Insgesamt scheint sich jedoch eher eine Differenzierung vollzogen zu haben, in der die Notwendigkeit qualifizierter und auf viele Personen verteilte

---

[31] Vgl. *Lenin,* W.: Was tun?, Berlin (Ost) 1962, S. 163 f., der hier sehr deutlich das Verhältnis von Menge und Führer charakterisiert.

[32] So die Formulierung von *Luhmann:* Komplexität, S. 41, der dies generell auf Industriegesellschaften bezieht; vgl. hierzu auf § 2 k des Parteistatus der SED, durch welchen bezeichnenderweise Kaderpatronage „aufgrund freundschaftlicher oder verwandtschaftlicher Beziehungen, persönlicher Ergebenheit ..." verhindert werden soll; auch *Afanasjew* S. 219, kritisiert, daß Kader aufgrund von Verwandschafts- oder Freundschaftsverhältnissen oder aufgrund der Prinzipien der persönlichen Ergebenheit, der Willfährigkeit, etc. eingesetzt werden.

[33] Vgl. *Ludz:* Parteielite, S. 257.

[34] Vgl. *Ludz:* Politische Aspekte, S. 7 ff.

Durchführung funktional abgesetzt wurde gegen eine von demokratischen und sozialistischen Grundsätze ungetrübte, auf wenige Personen beschränkte Führung.

4.2.1. Die politischen Funktionen von Staatsrat, Ministerrat und Volkskammer

Ein hierauf zu untersuchendes wesentliches Beispiel ist die Kompetenz- und Arbeitsverteilung zwischen Staatsrat und Ministerrat einerseits und der Volkskammer andererseits.

Die Volkskammer ist gemäß der Verfassung das oberste staatliche Machtorgan der DDR (Art. 48 I) und bestimmt „endgültig und für jedermann verbindlich die Ziele der Entwicklung der DDR" (Art. 49 I). Da die Volkskammer nach Art. 5 I demokratisch gewählt wird und die Abgeordneten aufgrund Art. 56 und 57 ein imperatives Mandat tragen und den Wählern Rechenschaft legen müssen, ist nach der Verfassungskonstruktion die Volkskammer zur Führung der Gesellschaft berufen. Führung beinhaltet ausdrücklich: die Entscheidung der Grundfragen der Staatspolitik (Art. 48 I, S. 2) und die Bestimmung der Entwicklungsziele der Gesellschaft (Art. 49 I). Darüber hinaus postuliert Art. 48 II S. 2 den Grundsatz der Einheit von Beschlußfassung und Durchführung und verbietet mithin eine Trennung der Führung von den organisatorischen Funktionen. Die führende Stellung der Volkskammer wird dadurch unterstrichen, daß sie den Staatsrat wählt (Art. 50; 67 II), der als Organ der Volkskammer konzipiert ist (Art. 66 I) und den Ministerrat beauftragt (Art. 78 I).

Uneingeschränkt kann die Führungsrolle der Volkskammer jedoch nur dann bleiben, wenn sie nicht wesentliche Aufgaben ohne Kontrollmöglichkeiten an ihre Organe delegiert und sich mithin der eigentlichen Führung begibt. Mit Ausnahme einiger weniger Befugnisse, die dem Plenum der Volkskammer selbst ausschließlich vorbehalten sind (Besetzung der Staatsorgane einschließlich des Staatsrats, Auflösung der Volkskammer, Änderung der Verfassung) kann der Staatsrat alle Kompetenzen des Plenums der Volkskammer ausüben, insbesondere auch verbindliche Erlasse und Normen setzen und die Verfassung und Gesetze verbindlich auslegen (Art. 71). An den Ministerrat sind insbesondere planende, leitende und ökonomisch-organisatorische Aufgaben delegiert, die nach den Erkenntnissen der Organisationswissenschaft (Art. 79 II) durchzuführen sind.

Daß die Volkskammer wesentliche Aufgaben an Staatsrat und Ministerrat delegiert, steht außer Zweifel. Sehr viel schwieriger nachzuweisen ist dagegen, daß die Volkskammer sich auch der Kontrollmöglichkeiten begeben hat oder sie faktisch nicht ausüben kann.

4. Die Konzeption des kontrollierten Wandels

Nun ist es zwar beliebte Phrase vieler sogenannter Kritiker der DDR, daß im Staatsrat und zum Teil auch im Ministerrat alle Macht konzentriert und die Volkskammer nur kritiklos bestätigendes Organ sei. Doch lassen sich dafür nur spärlich empirische Befunde nachweisen. Deutlich ist, daß durch die Verfassung von 1968 die Stellung der Volkskammer aufgewertet und verstärkt wurde und daß sie mit einer ungewöhnlichen und nach Art. 48 II uneinschränkbaren Machtfülle ausgestattet ist. Wenn über die verfassungstheoretische Konstruktion hinweg die faktische Machtausübung dennoch vorwiegend beim Staatsrat konzentriert ist, so scheint dies nicht nur machtpolitisch, sondern auch verfassungstheoretisch in einer ungenügenden Berücksichtigung der Zweigleisigkeit der Politik und deren Konsequenzen begründet zu sein: Im Staatsrat und Ministerrat werden — gestützt auf eine enge personelle und funktionelle Verzahnung von Partei- und Staatsapparat mit Staats- und Ministerrat und verfassungsrechtlich legitimiert durch Art. 1 I der Verf. — die mittel- und langfristigen Zielbestimmungen entworfen und bewertet. Gegenüber der erdrückenden Bedeutung dieser prospektiven Zielbestimmungen geraten die durchaus umfänglichen und intensiven tagespolitischen Aufgabenstellungen der Volkskammer geradezu automatisch ins Hintertreffen. In m. E. nicht zu weit hergeholter Analogie zum Führungsdefizit bürgerlicher Parlamente (z. B. dem der BRD), das nicht zuletzt durch Perspektivlosigkeit und die Überbeschäftigung mit Routinearbeiten verursacht ist, scheint das Führungsdefizit der Volkskammer damit zusammenzuhängen, daß die Erarbeitung von Prognosen und die Bestimmung der Perspektiven weitgehend ohne Kontrollmöglichkeiten in personeller, organisatorischer und institutioneller Hinsicht dem Staatsrat und dem Ministerrat überlassen sind.

In welch hohem Maße die Kontrollmöglichkeiten der Volkskammer durch die Struktur des Informationsflusses determiniert sind, zeigt z. B. ein Blockschaltmodell des Staates, das von *Klaus* erarbeitet wurde. Die Information, die die Volkskammer erreicht, ist — was die Strukturentscheidungen und die Perspektiven betrifft — durch informationsverarbeitende Instanzen wie die SPK so weitgehend vorstrukturiert, daß die Volkskammer ihrerseits nicht mehr in der Lage ist, Alternativen aufzustellen.

Die Volkskammer hat die Funktion, in Form von allgemeinverbindlichen Gesetzen und Beschlüssen politische Entscheidungen in staatliche Befehle und Weisungen umzusetzen. Während die Volksvertreter bei tagespolitischen Entscheidungen aufgrund ihrer persönlichen Erfahrung durchaus in der Lage sein können, differenziert zu entscheiden, verschiebt sich das Bild bei langfristigen perspektivischen Entscheidungen. Die von der Partei und den ihr angeschlossenen Organisationen monopolisierte Informationsaufnahme und -verarbeitung wird hier so

4.2. Zweigleisigkeit der Politik und Herrschaftsstruktur

Schema 10

Blockschaltmodell des Staates nach *Klaus*[35]

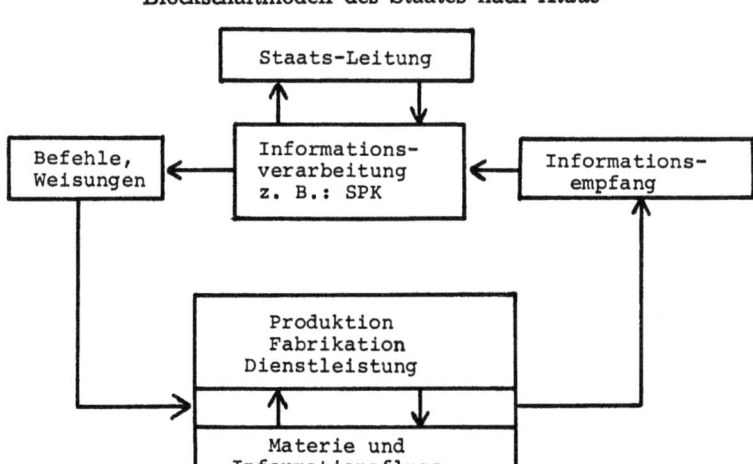

wesentlich, daß eigenständige Entscheidungen kaum mehr möglich erscheinen.

Ein Indiz hierfür ist die empirisch nachweisbare Erscheinung, daß die in der Orientierung und Zielsetzung oft weit vorpreschenden Aussagen oder Forderungen in Referaten oder Schriften des jeweiligen Staatsratsvorsitzenden *nach* einiger Zeit mit großer Sicherheit in der Volkskammer im bereits predeterminierten Sinne behandelt werden, ohne daß die Volkskammer andere mögliche Alternativen entwickelte. Ein wichtiges Beispiel hierfür ist der Entstehungsprozeß der neuen Verfassung der DDR. Bevor der Verfassungsentwurf der Volkskammer zugeleitet wurde, stand dieser in seinen Grundzügen so weitgehend fest, daß kein Raum mehr für inhaltliche Modifikationen blieb[36].

Auch die umfangreiche und intensive Volksaussprache ergab keine inhaltlichen Änderungen. Ein weiteres Indiz ist die ideologische und faktische Verbindlichkeit der „objektiven Gesetze der gesellschaftlichen Entwicklung" im Zusammenhang mit der Tatsache, daß diese Gesetze nicht von der Volkskammer, sondern von der Partei erarbeitet und definiert werden. Wenn nach Art. 1 I der Verf. die Partei die Führung bei der Verwirklichung des Sozialismus innehat, kann — wie es Art. 48 I und 49 I verlangen — die Volkskammer nur unter einer Bedingung gleichzeitig führen: der Bedingung der Interessenidentität von Volks-

---

[35] Vgl. *Klaus:* Kybernetik und Gesellschaft, S. 65.
[36] Vgl. dazu *Ulbricht* in: ND vom 18. 4. 1967, S. 6/7 und vom 3. 5. 1967, S. 3 - 5. Ulbricht spricht hier nicht nur von der Notwendigkeit einer neuen Verfassung, sondern er erläutert auch ausführlich seine Auffassung vom Inhalt dieser erst zu erarbeitenden Verfassung.

kammer und Partei. Dann stellte sich aber sofort die Frage nach der Funktion und der Daseinsberechtigung entweder der Partei oder der Volkskammer. Unter den Bedingungen möglicher, wenn auch nichtantagonistischer und überwindbarer Interessendivergenzen dagegen kann nur eine Instanz tatsächlich die Führung innehaben. In der neueren Literatur der DDR wird kein Zweifel daran gelassen, daß nur einer Instanz die führende Rolle zukommt: der Partei[37].

Diese Indizien lassen die Hypothese zu, daß die Volkskammer zwar weitreichende Kompetenzen und insbesondere umfangreiche durchführende und die Durchführung kontrollierenden Aufgaben hat, daß sie aber von der Bestimmung der eigentlichen, langfristig wirksamen Führungsgrößen des gesellschaftlichen Systems durch die Partei und die in ihr maßgebenden Gruppen und Personen[38] verdrängt ist.

Die Volkskammer als die nach den Grundsätzen sozialistischer Demokratie legitimierte Volksvertretung erscheint als Forum für den traditionellen Bereich der Politik, als Institution für die Umsetzung tagespolitischer und kurzfristiger Belange in bindende Entscheidungen zur gegenwärtig-konkreten Regelung der gesellschaftlichen Prozesse. Ihre Politik ist jedoch nicht — wie es die Postulate der verfassungsgebenden Gewalt des Volkes und der Positivierung des Rechts nahelegen könnten — der alleinige Ausdruck der schöpferischen gestaltenden Souveränität des Volkes; denn ihre Politik ist eingegrenzt und vorprogrammiert durch den übergreifenden Zusammenhang mittel- und langfristiger Zielbestimmungen, die von ‚außen' an die Volkskammer herangetragen werden. Erst wenn eine legitimierte Volksvertretung sich auch den Rahmen und die Bedingungen ihrer Politik selbst setzen kann, gewinnt der Begriff der Volkssouveränität[39] mehr Realität als die eines politischen Schlagwortes.

In der Sicht der kybernetischen Systemtheorie bedeutet dies, daß die Gesellschaft als Gesamtsystem die Sollwerte setzt, die ihre eigene Evolution festlegen und die von den einzelnen Subsystemen funktional differenziert aufzunehmen und selbsttätig durchzuführen sind[40]. Wenn dagegen gemäß dem objektiven Gesetz der führenden Rolle der Partei diese für die Gesamtgesellschaft und ihre Teilsysteme die Sollwerte

---

[37] Gerade unter dem Aspekt der Leitungswissenschaft macht dies *Benjamin* ganz deutlich: vgl. *Benjamin:* Vorwort, S. 10.
[38] Vgl. hierzu die soziologisch orientierten Untersuchungen von *Ludz:* Parteielite im Wandel; *Richert,* E.: Die DDR-Elite, Reinbek 1968; und *Förtsch,* E.: Die SED, Stuttgart 1969.
[39] Wobei heute von vornherein von einem Souveränitätsbegriff auszugehen ist, der durch die bereits bestehenden internationalen Verflechtungen vor allem ökonomischer und militärpolitischer Art reduziert ist.
[40] Vgl. hier *Naschold:* Systemsteuerung, S. 164, der dieses Problem als Kritikpunkt zur kybernetischen Systemanalyse anschneidet.

4.2. Zweigleisigkeit der Politik und Herrschaftsstruktur

setzt, mithin gesellschaftlichen Wandel und soziale Evolution programmiert, dann gibt eine Demokratiekonzeption auf der Grundlage der kybernetischen Systemtheorie, die die Gesamtgesellschaft als übergeordnetes System begreift, die realen Herrschaftsverhältnisse nicht adäquat wieder.

Die Vorstellung, daß die Partei als bewußter Vortrupp der Arbeiterklasse deren Interessen kennt und gültig interpretiert oder gar die Formel von der Interessenidentität zwischen Individuen, Kollektiven, Gesellschaft und der Partei, ist von Sozialisten widerlegt worden[41], so daß dies nicht mehr als Zusatzhypothese zur Stützung der kybernetischen Demokratiekonzeption gelten kann.

Die Struktur politischer Herrschaft in der DDR ist geprägt von einer durchaus ernstzunehmenden Erstarkung demokratischer Verfahren im traditionellen Bereich der Politik. Die Vergesellschaftung der Produktionsmittel eröffnet (bislang allerdings wenig genutzte) Chancen der Selbstbestimmung, die in kapitalistischen Systemen von den Profitinteressen der wenigen Verfügenden erdrückt werden. Daß die eigentliche Führung der Gesellschaft und die Orientierung ihrer Evolution dennoch beschränkt ist auf die ideologisch begründeten Herrschaftsinteressen einer kleinen Gruppe, dies ist die grundlegende Problematik, die eine relevante Demokratiekonzeption und die auf sie bezogene Leitungswissenschaft nicht nur aufweisen, sondern auch zu verändern trachten müßte[42].

Daß das Problem nicht nur Erfindung ‚westlicher' Beobachter ist und daß es große Bedeutung bezüglich der Legitimierung von Herrschaftsausübung hat, zeigt die immer wieder beobachtbare Erscheinung, daß auch innerhalb des sozialistischen Gesamtsystems entmachtete Regierungen später gewöhnlich als ‚Führungscliquen' abgestempelt werden. Auch sozialistische Systeme, die sich machtpolitisch nicht vertragen, beweisen sich gegenseitig, daß jeweils eine bestimmte, von der Zustimmung der Bürger nicht getragene Führungsclique unrechtmäßig die Macht ausübe. Die ‚Führungsclique um Dubcek' und die ‚Führungs-

---

[41] Vgl. *Havemann*, R.: Der Sozialismus von morgen, S. 51/52; *Afanasjew* S. 35, schreibt, daß es unzulässig sei, den einen oder anderen Teil der Gesellschaft zu verabsolutieren und ihm alle Eigenschaften des Ganzen zuzuschreiben.

[42] Die Praxis kann hier noch nicht mit emanzipativer Theorie konfrontiert werden, es sei denn mit Marx / Engels'scher oder H. G. Wells'scher Eschatologie. Auch im ‚Westen' hat die moderne Politologie die Problematik demokratischer, Partizipation und Effizienz optimierender Führung komplexer Systeme kaum andiskutiert, geschweige denn gelöst; als wichtigen Schritt in dieser Richtung vgl. *Naschold:* Organisation und Demokratie, passim.

clique um Mao' sind Beispiele, die in der Literatur der DDR große Aufmerksamkeit fanden[43].

4.3. Die Systemabhängigkeit sozialer Evolution

Der Marxismus-Leninismus als Theorie gesellschaftlicher Entwicklung kennzeichnet als Kriterium der Evolution den Fortschritt bei der Verwirklichung des Kommunismus, einer herrschaftsfreien und repressionslosen Gesellschaftsordnung auf der Grundlage ökonomischen Überflusses für alle. Die Berechtigung von Plänen, Programmen und Prognosen müßte anhand dieses Kriteriums nachgewiesen werden, sollen sie dem Fortschritt dienen.

Die Theorie des historischen Materialismus postuliert, daß die langfristige Entwicklung jeglicher Gesellschaft zwangsläufig zur Verwirklichung des Kommunismus führe. Wozu also Pläne und Programme? Diese Frage berührt ein wesentliches Problem der Leitung der Gesellschaft als Projektierung und Durchführung sozialer Evolution: die Frage nach dem Verhältnis von Spontaneität und Bewußtheit, von subjektivem und objektivem Faktor bei der Leitung gesellschaftlicher Prozesse. Spontaneität kann verstanden werden als relativ unreflektiertes, subjektives Handeln; bewußtes Handeln andererseits ist Handeln in Übereinstimmung mit den „objektiven" Bewegungsgesetzen des in Betracht kommenden Systems.

Bezüglich des Gesamtsystems der Gesellschaft charakterisiert *Afanasjew* diese objektiven Bedingungen nach der Theorie des historischen Materialismus zwar in der Form eines Dogmas: „Die Entwicklung des Kommunismus ist ein natürlicher historischer Prozeß, der sich nach objektiven, vom Willen und Bewußtsein der Menschen unabhängigen Gesetzen vollzieht"[44], doch betont er gleichzeitig, daß die Natur dieser Gesetze so sei, daß sie von den Menschen erkannt und in ihrem Interesse ausgenützt werden können. *Afanasjew* weist darauf hin, daß eine Verabsolutierung der objektiven Bedingungen zu Fatalismus, Spontaneität und zur Negierung der Möglichkeit führe, bewußt auf die gesellschaftlichen Prozesse einzuwirken. Andererseits führe eine Verabsolutierung des subjektiven Faktors zu Voluntarismus, Subjektivismus, Bürokratismus und zu Willkürmethoden in der Leitung[45]. Trotz

---

[43] Vgl. z. B. M. M.: Die „Ideen Mao Tse-Tungs" gegen den Marxismus, in: Einheit 1968, S. 625 ff.; W. *Weber*: Die Gruppe um Mao Tse-Tung zwingt der Volksrepublik China einen gefährlichen Kurs auf, in: Einheit 1969, S. 592 ff.

[44] Vgl. *Afanasjew* S. 140.

[45] Vgl. *Afanasjew* S. 144.

4.3. Die Systemabhängigkeit sozialer Evolution

der langfristigen Determiniertheit jeglicher gesellschaftlicher Evolution beobachtet *Afanasjew* ein starkes Anwachsen des subjektiven Faktors im Funktionieren und in der Entwicklung des Sozialismus, da die aktive Teilnahme und Mitwirkung der Menschen bei der Verwirklichung der erkannten objektiven Gesetze immer notwendiger werde:

„Die Entwicklung der sozialistischen Gesellschaft stellt sich somit als eine komplizierte Verflechtung, als Wechselbeziehung der objektiven Gesetzmäßigkeiten und subjektiven Faktoren dar, wobei die Rolle der subjektiven Faktoren mit dem Voranschreiten der Gesellschaft dank der immer gründlicheren Erkenntnis der objektiven Gesetze wächst[46]."

Die Hauptaufgabe der Leitungswissenschaft und der wissenschaftlichen Leitung der Gesellschaft besteht darin, die Übereinstimmung der subjektiven Tätigkeit der Menschen, ihrer Interessen und Ziele mit den objektiven Gesetzmäßigkeiten und Bedingungen zu erreichen. Spontaneität und subjektiv motiviertes Verhalten haben demnach keinen Stellenwert in sich selbst als Lebensäußerung mündiger Menschen, sondern sie werden gewertet durch ihren Beitrag zur Verwirklichung der objektiven Gesetze. Auch in sozialistischen Systemen relativ spontan verlaufende Prozesse, wie Eheschließungen, Geburten, der Geschmack und die Bedürfnisse der Menschen, die Berufswahl oder die Besucherzahl kultureller Veranstaltungen[47] sind aufgrund ihrer Spontaneität potentielle Störgrößen, die nur als Massenprozesse eine statistische Beurteilung und Prognose erlauben. Zentral geführte Gesellschaften neigen daher dazu, die Prozesse in eine „Organisation des Zufalls" zu fassen (die allerdings nicht der Strukturvariation dient), um sie objektiven Gesetzmäßigkeiten anzunähern.

Die Dialektik von Spontaneität und Bewußtheit, von objektiven Bedingungen und subjektiven Faktoren wirkt unmittelbar auf die Problematik des Verhältnisses von sozialer Stabilität und sozialem Lernen ein (vgl. Abschnitt 3.2.1.). Die Veränderung überholter Strukturen impliziert einen Moment der Schwäche bei der Anpassung an das Neue, den manche Systeme — genauer die in diesen Systemen maßgebenden Personen oder Gruppen — sich nicht leisten zu können glauben. Doch ist es, wie bei einer Geburt, gerade diese Überlebensgefährdung, welche als grundlegende Bedingung jeglicher Evolution anzusehen ist. „Kennzeichnend für die Erzeugung von Varietät", so schreibt *Luhmann*, „ist ein in gegebenen Strukturen zunächst unangepaßter, dysfunktionaler Aspekt, der jedoch im Hinblick auf Evolution funktional sein kann"[48].

Dysfunktional scheint dieser Aspekt, weil er Herrschaftsinteressen berührt und die Planbarkeit sozialer Prozesse beeinträchtigt. Funk-

---
[46] *Afanasjew* S. 143.
[47] Diese Beispiele nennt *Afanasjew* S. 146.
[48] *Luhmann*: Evolution, S. 8.

tional ist er in sozialistischen Systemen, weil Evolution, die Entwicklung zum Kommunismus, die kontinuierliche Veränderung ökonomischer und politisch-sozialer Strukturen bedingt. Vom Standpunkt des Überlebens des Systems aus gesehen, darf das dysfunktionale anarchische Moment von Varietät nicht so stark werden, daß sich eine systembedrohende Desorganisiertheit (Entropie) verbreitet; andererseits darf die erzeugte Varietät ein bestimmtes Minimum nicht unterschreiten, soll nicht jegliche Evolution abgewürgt werden. Die große Bandbreite zwischen notwendiger und möglicher Varietät reduziert sich allerdings für ein bestimmtes System zu einer bestimmten hinreichenden Varietät, die außer durch die bereits vorhandene Komplexität wesentlich durch die je herrschende Demokratiekonzeption bestimmt wird.

Die Systemabhängigkeit sozialer Evolution zeigt sich jedoch — vergleichbare ökonomisch-technologische Komplexität vorausgesetzt — nicht nur an der absoluten Größe der systeminternen hinreichenden Varietät, die sich z. B. in der Toleranz abweichenden Verhaltens ausdrückt, sondern wesentlich auch in der spezifischen Funktion der Varietät, in der qualitativen Bestimmung der Evolution.

Varietät kann Freiheit bedeuten und Narrenfreiheit; und Evolution kann zu menschlicheren Gesellschaftsordnungen führen und zu Systemen, die die Unmenschlichkeit nur perfektionieren. Wird Evolution begriffen als „Steigerung der Komplexität, als Zunahme der Zahl und Verschiedenheit möglicher Bestände und Ereignisse"[49], so übergeht man die wesentliche Bestimmung, zu welchem Zwecke die Komplexität erhöht werden soll und wem dies zugutekommt. Erhöhung der Komplexität, z. B. der Flugzeugindustrie oder der Rüstungsindustrie, ist gesamtgesellschaftlich gesehen negativ dysfunktional, da nur ganz wenige daraus Nutzen ziehen — und zudem auf Kosten der Allgemeinheit. Große Varietät ‚möglicher' Rocklängen kann natürlich als Äußerung der Selbstbestimmung, als Freiheit sozusagen, interpretiert und mit dem sozialistischen Einheitsrock konfrontiert werden. Doch wem nützt eine Mode, die nur den Stoffumsatz und die Preise drastisch erhöht?

Die Verwirklichung des Kommunismus als qualitative Bestimmung gesellschaftlicher Evolution ist zu generell, um kurz- und mittelfristig zu Handlungsanweisungen verdichtet werden zu können. Es ist deshalb die Erarbeitung von Demokratiekonzeptionen notwendig, in denen operationalisierbare Ziele gesellschaftlicher Entwicklung in einer Präferenzordnung festgelegt werden. In dieser Präferenzordnung nimmt das Ausmaß möglicher struktureller Varietät als Bedingung sozialen Wan-

---

[49] *Luhmann:* Evolution, S. 5.

4.3. Die Systemabhängigkeit sozialer Evolution

dels eine Schlüsselstellung ein und zeigt die Lernbereitschaft und — in Grenzen — die Qualität der potentiellen Lernprozesse an.

Die technokratische und die kybernetische Demokratiekonzeption können als Versuche gesehen werden, die Kapazität für soziales Lernen zu erhöhen, die Variationsbreite sozialer Prozesse und der sie organisierenden Strukturen zu erweitern und die Kommunikations- und Steuerungssysteme zu verfeinern, um schöpferische Initiative zu unterstützen. Dagegen scheint die in neuerer Zeit verstärkte Betonung der führenden Rolle der Partei und der postulierte Primat der zentralen Leitung und Planung gegenüber der Selbstorganisation der Subsysteme darauf hinzudeuten, daß die von der Führung tolerierte Varietät sehr verengt wurde und Elemente pathologischen sozialen Lernens[50] die Entwicklung der Gesellschaft der DDR beeinflussen.

Hatte *Heuer* noch vor administrativen Leitungsmethoden und dem ökonomischen Mindereffekt der Maximalplanung gewarnt und ein flexibles, dekonzentriertes Leitungssystem vorgeschlagen[51], so scheinen insbesondere seit dem ‚Prager Frühling' und der Besetzung der CSSR in der DDR eine sehr starke Betonung und Durchsetzung des faktischen Primats der Partei, der zentralen Leitung und Planung, der ideologischen Orientierung und in der Leitungswissenschaft ein Rückzug auf gesicherte Positionen des klassischen Marxismus-Leninismus erkennbar zu sein. Die Neutralisierung selbstorganisierender, varietätsreicher eigendynamischer Prozesse durch deren strikte Einordnung in den zentral vorgegebenen Rahmen bedeutet einen Verlust an Steuerungskapazität und Informationskanälen[52] und eine Überlastung der zentralen Organe mit laufender Entscheidungsarbeit. Die deutlichen Fehlschläge mehrerer Jahrespläne, vor allem 1970, der deshalb besonders wichtig ist, weil er zum ersten Perspektivplan hinführte, können zum Teil verstanden werden als die ökonomischen Folgen des Verlustes an Steuerungskapazität.

Die Anfangserfolge des NÖSPL und der hiervon abgeleiteten analogen Modelle der gesamtgesellschaftlichen Planung und Leitung, die vielleicht etwas überstürzte Assimilation der Kybernetik, der Soziologie und anderer im Westen relativ weit und organisch entwickelten Wissenschaften, die ihren (schlagwortartigen) Ausdruck findet in der ‚Entdeckung der Produktivkraft Wissenschaft', scheinen in einer Phase politisch-ideologischer Verengung der Tendenz Vorschub zu leisten, die Organisation, das Leitungs- und Planungssystem an sich überzubewer-

---

[50] Zum Begriff und zum Hintergrund vgl. *Deutsch* S. 214 ff.; *Senghaas*, D.: Kybernetik und Politikwissenschaft, in: PVS 1966, S. 252 (256 ff.).
[51] Vgl. auch *Heuer*: Entwickeltes gesellschaftliches System, S. 644.
[52] Zu diesen Symptomen pathologischen Lernens vgl. *Deutsch* S. 223 f.

ten und andererseits veränderte Umstände politisch-sozialer, ideologischer oder ökonomischer Art, oder veränderte Bedürfnisse und Interessen der Werktätigen zu wenig zu berücksichtigen. Diese Tendenz wird in einer Aussage *Ulbrichts* deutlich, in welcher er postuliert, daß die Arbeiter und Bauern ihre persönlichen Interessen und Wünsche nur realisieren können, indem sie als Mitglieder ihrer Klasse handeln, indem sie ihr Klasseninteresse und ihre Klassenpflichten wahrnehmen[53]. Diese Aussage ist mit der Formel des Parteistatutes nicht mehr vereinbar, nach der alles, was der Gesellschaft nützt, auch für den Betrieb und für den einzelnen vorteilhaft sein müsse (!). Denn Klasseninteressen und Klassenpflichten sind objektive Interessen und Pflichten, d. h. alles hängt davon ab, wer sie definiert und verbindlich festlegt. In der DDR ist dies die Partei, die in ihr maßgeblichen Personen und Gruppen. Es ist daher im Rahmen einer Demokratiekonzeption, die der zentralen Leitung unumwunden den Primat einräumt, die Möglichkeit der Arbeiter und Bauern gering, ihre persönlichen Interessen und Wünsche als Ausdruck individueller und kollektiver Selbstbestimmung zu aktualisieren oder auch nur zu artikulieren[54].

Soziale Evolution, die individuelle und kollektive Bedürfnisse nur dann zum Tragen kommen läßt, wenn sie sich in Übereinstimmung mit den von der Partei definierten gesellschaftlichen Erfordernissen befinden, verengt sich zur Systemsteuerung nach den Zielen der Personen und Gruppen, die das objektiv Notwendige erkennen und zur verbindlichen Norm erheben.

Selbst angenommen, man könne sich darauf einigen, was Fortschritt sei, so scheint doch ein für das Gesamtsystem dysfunktionaler Aspekt darin zu liegen, daß enorme Bemühungen dahin gehen, zu beweisen, daß Fortschritt nur und ausschließlich auf der Seite der Partei liege und wenig Bemühungen dahin gehen, zu überprüfen, ob die Partei noch auf der Seite des Fortschritts ist[55].

In diesem Zusammenhang ist ein gewichtiges, auf Elemente pathologischen sozialen Lernens deutendes Indiz die strikte Anbindung der wissenschaftlichen Forschung an „gesellschaftliche Aufträge". Im Rahmen der 3. sozialistischen Hochschulreform, die nach dem 7. Parteitag

---

[53] *Ulbricht*, zit. bei *Schöneburg / Stüber:* Führende Rolle der Arbeiterklasse und sozialistischer Staat, in: SuR 1969, S. 666 (682).

[54] Vgl. hierzu R. *Havemann* S. 50 und den Bericht: Was gelten zentrale Beschlüsse? — Zu einer Beratung des Rates des Bezirkes Halle, in: Sozialistische Demokratie Nr. 27/1970, S. 3, in dem so weit gegangen wird zu postulieren, daß der Rat weniger ein Forum des Austausches von Argumenten sei, als ein organisiertes Zentrum für die Durchsetzung zentraler Beschlüsse.

[55] Den hier abgewandelten Satz von Lincoln zitiert *Deutsch* (im Original) S. 231.

4.3. Die Systemabhängigkeit sozialer Evolution

1968 einsetzte, sollten die Beziehungen zwischen Hochschulen und Großbetrieben oder VVB so umgestaltet werden, „daß die Forschung künftig auftragsgebunden geplant und durch den Auftraggeber finanziert wird"[56]. Ist eine enge Verflechtung von Forschung und ökonomisch-sozialer Praxis auch durchaus sinnvoll, so scheint jedoch in dieser Aussage *Hörnigs* bereits die Tendenz durch, die Wissenschaft an eine ökonomisch-praktische Kette zu legen. Deutlicher macht dies *Wikarski*, der die Ansicht vertritt, daß es eine von der Produktion isolierte und damit aus der einheitlichen Leitung des Reproduktionsprozesses der Kombinate und Produktionsverbände herausgelöste sozialistische Großforschung grundsätzlich nicht geben könne[57]. *Pöschel* hält es für unbestreitbar, daß die wissenschaftlich-technische Arbeit darauf gerichtet sein müsse, „ökonomische Resultate hervorzubringen, die ökonomische Effektivität der gesellschaftlichen Arbeit zu erhöhen"; er spricht ausdrücklich vom „Primat der Ökonomie in Forschung und Technik"[58].

Wikarski betont, daß dies auch für die Grundlagenforschung gelte, die aus dem Bereich der Akademie der Wissenschaften und des Hochschulwesens herausverlagert und in die auftragsgebundene sozialistische Großforschung eingeordnet werden müsse[59].

Es ist nicht mehr originell, den Mythos einer wertfreien, ungebundenen, dem freien Belieben des einzelnen Wissenschaftlers überlassenen Forschung aufzudecken und ein derartiges Verständnis von Wissenschaft abzulehnen. Die erhebliche und immer umfassender werdende gesellschaftliche Bedeutung der Wissenschaft — die, was den Bereich der Hochschulforschung angeht, ja auch in kapitalistischen Systemen von der Gesamtgesellschaft finanziert wird — erfordern immer dringender eine an gesamtgesellschaftlichen Interessen orientierte Kontrolle und demokratische Verfahren der an der Forschung Beteiligten bei der Planung und Entscheidung über Forschungsprojekte. Der Eifer bei der Bekämpfung des einen Mythos sollte jedoch nicht zur Schaffung eines anderen, nicht weniger schädlichen Mythos führen[60]: Die ‚an die praktische Kandare genommene und auf ihr anbefohlene Ergebnisse zugeschnittene'[61] Wissenschaft verliert mit der Distanz zur Praxis auch die Möglichkeit, diese zu hinterfragen, zu kritisieren. Einseitig oder gar

---

[56] *Hörnig* (in einem Interview) in: Einheit 1969, S. 291 (293).
[57] *Wikarski*, S.: Wesen und Aufgabe der sozialistischen Großforschung, in: Einheit 1969, S. 380 (383).
[58] *Pöschel*, H.: Ökonomie und Ideologie in Forschung und Technik, in: Einheit 1969, S. 924 (927).
[59] Vgl. *Wikarski* S. 384.
[60] Vgl. dazu *Fischer*, W.: Kunst und Koexistenz, Reinbek 1966, S. 55 f.
[61] Die Formulierung ist bei *Adorno*, T.: Marginalien zu Theorie und Praxis, in: Stichworte, Kritische Modelle 2, Frankfurt 1969, S. 175 entlehnt; Adorno plädiert hier überzeugend für eine Kreativität ermöglichende Distanz (nicht Autonomie!) zwischen Theorie und Praxis.

ausschließlich auf die Praxis und ökonomische Effektivitätssteigerung bezogene Wissenschaft begibt sich der Tiefendimension, die Voraussetzung ist für innovierendes, kreatives Denken, für Forschung, deren Ausgang nicht vorherbestimmt ist, sondern relativ unbestimmt, die sich mithin auch gegen die bestehenden Ordnungen und Autoritäten wenden kann[62].

Marx hatte sehr eindeutig geschrieben: „Je unbefangener und rücksichtsloser die Wissenschaft vorgeht, desto mehr befindet sie sich im Einklang mit den Interessen und Strebungen der Arbeiterklasse[63]." Wie wenig unbefangen und rücksichtslos jedoch (manche) Wissenschaftler in der DDR vorgehen, zeigen (am Beispiel der Rechtswissenschaft) Bemerkungen, die noch vor dem 7. Parteitag veröffentlicht wurden: so kritisierte *Heuer* die beamtenmäßige Subordination der Rechtswissenschaftler, die sich auf das passive Abwarten von Parteibeschlüssen und ihre juristische Erläuterung beschränke und die den wissenschaftlichen Meinungsstreit abwürge[64]. *Mollnau* spricht sogar von grotesken Situationen, zu denen die Scheu geführt habe, staats- und rechtstheoretische Fragen von Bedeutung zu diskutieren[65].

Sollte das gesamte wissenschaftliche Potential tatsächlich, wie *Hörnig* fordert, für konkrete Fragen der ökonomischen Effektivität eingesetzt werden, so müßte es noch schwieriger werden, widersprechende, abweichende, alternative Vorstellungen oder Modelle zu konzipieren. Ein deutliches Indiz hierfür ist die überaus dogmatische Kritik von *Albrecht* an *Klaus'* projektiertem Buch über „Spieltheorie in philosophischer Sicht" (und eben nicht in ökonomischer!). Arbeit ist für *Albrecht* Arbeit — und jede Verbindung der Arbeit zum Spiel erscheint ihm als beklagenswerter Rückfall in Huizingasche Vorstellungen[66].

Diese un-marxsche Verengung der Aufgaben der Wissenschaft muß auf dem Hintergrund einer Demokratiekonzeption gesehen werden, die sozialen Wandel zwar nicht negieren kann, diesen jedoch nur unter strikter Kontrolle und nur in vorgegebener Richtung erlaubt. Wissenschaft ist demnach nur möglich, wenn sie mit der Linie der Partei übereinstimmt; und nur eine solche Wissenschaft kann Aussagen über die Entwicklungsrichtung der sozialistischen Gesellschaft machen:

„Die führende Rolle der marxistisch-leninistischen Partei der Arbeiterklasse ist die entscheidende Voraussetzung für die Erarbeitung und Verwirklichung von prognostischen Modellen der Triebkräfte, des Verlaufs, der

---
[62] Vgl. zu dieser Charakterisierung von Wissenschaft *von Hentig*, H.: Im Sachverstand erstickt die Demokratie, in: Die Zeit Nr. 9 vom 28. 9. 1969, S. 24.
[63] *Marx / Engels* Werke, Bd. 21, S. 307.
[64] Vgl. *Heuer*, U.: Neue Ökonomie verlangt neues Recht (zusammen mit Pflicke), in: ND vom 21. 1. 1967, S. 10.
[65] Vgl. *Mollnau*, in: ND vom 3. 2. 1967.
[66] Vgl. *Albrecht* (Buchbesprechung), DZfPh 1969, S. 1258 f.

4.3. Die Systemabhängigkeit sozialer Evolution

Probleme und der Aufgaben der künftigen gesellschaftlichen Entwicklung im Sozialismus. Diese Partei ist die einzige (!) gesellschaftliche Kraft, die imstande ist, die Gestaltung der entwickelten sozialistischen Gesellschaft in ihrer Gesamtheit wissenschaftlich zu prognostizieren, zu planen und zu leiten[67]."

Afanasjew, der sich mit dem Vorwurf auseinandersetzt, die so verstandene führende Rolle der Partei verhindere Demokratie, bringt zur Rechtfertigung nur vor, daß die Partei „viele Millionen der besten Vertreter der Arbeiterklasse, Bauernschaft, Intelligenz aller Nationen und Völkerschaften des Landes vereint" und deshalb (!) nicht im Widerspruch mit der Demokratie stünde[68].

Die Wissenschaftler, die mit den Mitteln der Prognostik, der Planung und Leitung die Vervollkommnung der sozialistischen Demokratie projektieren und verwirklichen sollen, bedürfen einer kreativen, innovatorischen Phantasie. Es spricht wenig dafür, daß der zentralisierte und bürokratisierte Apparat der Partei dazu wesentliche Hilfestellung geben könnte. Soziales Lernen als Grundbedingung gesellschaftlicher Evolution ist auf operationale Reserven[69] der Wissenschaft angewiesen, die nicht zur Stabilisierung alter Erkenntnisse, Modelle und Prognosen eingesetzt werden, sondern zur Entwicklung neuer, noch nicht unmittelbar absehbarer Konzeptionen[70]. Aus ökonomischer Sicht bedeutet dies Investitionen in die Zukunft, welche gerade nicht zur unmittelbaren Effektivitätssteigerung der Wirtschaft beitragen. Es erscheint — betrachtet man neben den ökonomischen auch die sozialen Kosten — als kostspielige Strategie, den Fortschritt des Ganzen, der Gesamtgesellschaft, so ausschließlich vom Fortschritt *eines* Teils, der Partei, abhängig zu machen. Hier liegt m. E. ein wesentlicher Ansatzpunkt eines notwendigen Prozesses der Überprüfung, ob das von *Lenin* zu Zwecken der Revolution entwickelte Konzept einer elitären, ausschließlich führenden Kaderpartei noch angemessen ist für eine Gesellschaft, die sich der Evolution verschrieben hat[71].

---

[67] *Bittighöfer* et al.: Marxistisch-leninistische Gesellschaftsprognostik und Modell (Thesen), in: DZfPh 1970, S. 673 (679).

[68] *Afanasjew*, W.: Die KPdSU ist die führende Kraft des kommunistischen Aufbaus, in: ND vom 17. 8. 1970, S. 6.

[69] Zum Begriff und Hintergrund vgl. *Deutsch* S. 250.

[70] Vgl. *Kannegiesser:* Das gesellschaftliche System, S. 35, der ausführt, daß das forschende Subjekt bei der Modellierung einer möglichen, konkreten Struktur nur hypothetische Wahrscheinlichkeiten angeben kann, deren Qualität insbesondere von der Menge der informationellen Verknüpfung abhänge.

[71] Vgl. dazu *Havemann*, R.: Der Irrtum der Leninisten, S. 7, der als Grundübel der Leninschen Parteikonzeption das Fraktionsverbot betrachtet. Die Zulassung von Fraktionen würde ein wesentliches Element sozialen Lernens realisieren: die Institutionalisierung von Dissens; vgl. *Deutsch* S. 255; vgl. hierzu auch *Flechtheim*, O.: Futurologie — Brücke zwischen Ost und West?, in: Das Parlament, Beilage B 37/1970 vom 12. 9. 70, bes. S. 14 - 17.

Welcher Art diese Evolution ist, hängt in erheblichem Maße von der systeminternen Organisation wissenschaftlicher Erkenntnis ab. Im Rahmen einer Demokratiekonzeption, die wissenschaftliche Erkenntnis zum Monopol einer Partei erklärt, und in der die Partei die Kontrolle der Wissenschaft auch faktisch ausübt, ist Evolution Entwicklung in der von der Partei vorgegebenen Richtung. Eigendynamische Innovationsprozesse anderer Teilsysteme, die von der vorgegebenen Linie abweichen, entstehen entweder gar nicht, oder sie werden erdrückt, so daß der ‚variety pool' (*Buckley*) des Systems, seine innovatorische Potenz, reduziert ist auf die Flexibilität der Partei.

Die kann dazu führen, daß das kulturelle Leben, die künstlerischen Ausdrucksformen zu steriler Monotonie verblassen; daß die Wisenschaft nur noch ganz bestimmte Bereiche bearbeitet, andere dagegen überhaupt nicht; oder, allgemein gesprochen, daß das System nur noch ganz bestimmte Kategorien von Informationen aus der Umwelt oder systeminterner Art aufnimmt und verarbeitet: In einem System, in dem unbeirrt von der Interessenidentität zwischen Individuen, Kollektiven und dem Gesamtsystem ausgegangen wird, ist die Wahrscheinlichkeit gering, Interessenkonflikte informationell aufzunehmen und die Widersprüche durch Evolution zu einer Synthese zu führen. Das Schicksal sozialistischer Intellektueller von Scholzenyzin bis Ginsburg, von Havemann bis Kunze ist der menschliche Ausdruck der ‚Kosten' dieses Dilemmas.

4.4. Sozialer Wandel als Gegenstand der Leitungswissenschaft

Ist wissenschaftliche Erkenntnis und die Erarbeitung der objektiven Gesetzmäßigkeiten der gesellschaftlichen Entwicklung Monopol der Partei, so gewährleistet dies zwar maximale Kontrolle aller gesellschaftlichen Prozesse, doch reduziert dies gleichzeitig den Spielraum für Erneuerung. Ginge es nur um den Evolutionsdruck zur Anpassung an die natürliche Umwelt, also um eine Anpassung an veränderte Bedingungen des ökonomischen Überlebens, so könnte bei dem gegebenen Grad an gesellschaftlicher Komplexität eine durch die Partei zentralisierte und restringierte Evolutionsleistung genügen. Da sich aber das sozialistische Gesamtsystem und das kapitalistische Gesamtsytem in einer weltweiten Auseinandersetzung befinden, die in einer Phase friedlicher Koexistenz sich als ökonomisch-technologischer Wettkampf der Systeme äußert, müssen — nach der irrationalen Logik dieses Wettkampfes — Prestige-Innovationen aller Art hervorgebracht werden, die über das Maß ‚notwendiger' Innovationen weit hinausgehen und

4.4. Sozialer Wandel als Gegenstand der Leitungswissenschaft

dadurch die tatsächlich notwendige Innovation in der Priorität verdrängt. Das Wettrüsten ist das gefährlichste und nutzloseste Element dieser pathologischen Innovationsprozesse.

Eine Reorganisation der Prioritäten, die Entwicklung neuer Ziele, die zu einer menschlicheren Gesellschaftsordnung führen könnten, ist um so unwahrscheinlicher, je eindimensionaler die Bestimmung des objektiv Notwendigen strukturiert ist[72]. *Kannegiesser* führt aus, daß die ganze Kompliziertheit und Komplexität der ökonomischen, staatlichen, rechtlichen, politisch-sozialen, ideologischen etc. Beziehungen zwar als Einheit in den allgemeinen Steuerungsprozeß gesellschaftlicher Erscheinungen eingehen muß, daß aber gleichzeitig die Beziehungen so zu gestalten sind, daß auch neue produktive Potenzen und gesellschaftliche Aktivitäten sich bilden können, „die danach drängen, an die Stelle des Bestehenden zu treten"[73]. *Heuer* hatte wiederholt darauf hingewiesen, daß ein Optimum an gesellschaftlicher Aktivität voraussetzt, daß gesellschaftliche Erfordernisse und individuelle und kollektive Interessen in ihrer widersprüchlichen Einheit akzeptiert und nicht zu einer fingierten Identität reduziert werden. Eine Identität müßte dazu führen, „daß den Individuen und Kollektiven, beispielsweise den Warenproduzenten, nur eine passive, durchführende Rolle zugeschrieben wird"[74].

Auch *Afanasjew*, der davon ausgeht, daß das wichtigste Prinzip der wissenschaftlichen Leitung das Prinzip der Objektivität[75] sei, betrachtet es als eine der wesentlichsten Forderungen des Objektivitätsprinzips, „die Widersprüche der sozialistischen Gesellschaft nicht zu verwischen, sondern aufzudecken und rechtzeitig zu überwinden"[76]. Im Gegensatz dazu steht z. B. eine Aussage, die sich auf die Perspektivplandiskussion bezieht und erläutert, was unter Diskussion zu verstehen sei: „Da die Planziele objektiv bedingt sind, lohnt es sich nicht, über die Planziele zu diskutieren, sondern im Gegenteil darüber, wie diese Ziele erfüllt werden können[77]."

Die Leitungswissenschaft hat unter den Bedingungen der technokratischen und der kybernetischen Demokratiekonzeption herausgearbeitet, daß die Gesellschaft als ein kompliziertes kybernetisches System mit einem mehrdimensionalen Netz von Kopplungen und Rückkopplungen gesehen werden kann[78], wobei die Anzahl der möglichen

---

[72] Vgl. die Ausführungen bei *Naschold:* Organisation, S. 72 - 75.
[73] *Kannegiesser* S. 36.
[74] *Heuer:* Entwickeltes gesellschaftliches System, S. 645.
[75] *Afanasjew* S. 290.
[76] *Afanasjew* S. 293.
[77] *Wappler:* Diskussion über den Perspektivplan 1971 - 75 gut vorbereiten, in: Neuer Weg 12/1970, S. 445.
[78] Vgl. *Berg,* zit. in: Gesellschaftswissenschaftliche Beiträge 5/1970, S. 519 (524).

Beziehungen zwischen den Teilsystemen die Varietät des Gesamtsystems kennzeichnet[79]. Aus der Tatsache, daß Kopplungen und Rückkopplungen in der sozialen Wirklichkeit wesentlich in Kommunikationsmustern, in der informationellen Vermaschung der Teilsysteme untereinander und zum Gesamtsystem sich manifestiert, läßt sich anschaulich die überragende Bedeutung von Information und Kommunikation ableiten.

Die Einbeziehung der Werktätigen in die Leitung der Gesellschaft beinhaltet daher in erster Linie den Aufbau von Informationssystemen, über die die Werktätigen ihre Wünsche und Interessen in den Entscheidungsprozeß einfließen lassen können. Damit wäre die Möglichkeit gegeben, zu überprüfen, ob das, was der Gesellschaft nützt, auch tatsächlich den einzelnen und den Kollektiven nützlich wurde. Durch eine Demokratiekonzeption, die nur den von der Partei strikt kontrollierten Wandel zuläßt, scheint jedoch die Funktion der Informationssysteme darauf verkürzt worden zu sein, zentral vorgegebene Daten effektiv nach ‚unten' zu leiten und im übrigen Meldungen über die Durchführung zurück zu leiten. Indem die Partei abweichende Verwendung der Informations- und Kommunikationssysteme blockiert, sichert sie die alleinige Geltung ihrer Interessen und Werte, die nicht notwendigerweise mit den Interessen und Werten der Gesellschaft, oder der Individuen und ihrer Kollektive, identisch sein müssen. In einer Phase der gesellschaftlichen Entwicklung, in der neben der Verfügung über Eigentum der Verfügung über Informationen und Kommunikationsmittel kaum zu überschätzende Bedeutung zukommt, zeichnen sich hier die Umrisse einer technologischen Regression des Sozialismus ab. Die Gefahr, daß Fortschritte in der Technologie in perfektioniertere Methoden der Manipulation umgemünzt werden, ist nicht auf kapitalistische Systeme begrenzt. Es hängt mithin von der Informationsverarbeitungskapazität und dem Wertberücksichtigungspotential der Partei und der in ihr führenden Personen und Gruppen ab, welches Ausmaß und welche Qualität soziale Evolution annehmen kann.

Die Funktionsüberlastung einer Partei und deren Führung, die alles kontrollieren und leiten will, leistet der Tendenz Vorschub, aufgrund einer zu geringen Anpassungsfähigkeit an eine sich rapide wandelnde Umwelt, die Gesamtgesellschaft langsam in eine Krise zu lenken, die nur durch autoritäre Innovationsentscheidungen, durch einen ‚Kurswechsel' oder Umschwung, in ihren Symptomen gehoben werden kann[80]. Während die Entwicklung vom NÖSPL zum ÖSS — gestützt auf

---

[79] So *Kannegiesser* S. 36.
[80] Vgl. dazu *Naschold*: Organisation, S. 78, der als Alternative eine Organisation mit lokaler Lernfähigkeit aufgrund hoher und wirksamer Mitgliederbeteiligung projektiert.

4.4. Sozialer Wandel als Gegenstand der Leitungswissenschaft 113

eine Demokratiekonzeption, die die Aktivität und Initiative der Individuen und Kollektive förderte und so lokale (Teilsysteme umfassende) Lern- und Innovationsprozesse ermöglichte — nicht ein Kurswechsel, sondern ein organischer Übergang war, erfolgte etwa mit dem VIII. Parteitag der SED 1971 eine Rückorientierung auf ideologisch gefestigte und eher reform- und experimentierfeindliche Positionen. Die Diskussion um die Leitungswissenschaft verebbte weitgehend (übrigens in aufschlußreichem Gegensatz zur UdSSR, wo sie kontinuierlich weiterbetrieben wurde). Erst in den letzten Jahren mehren sich die Anzeichen dafür, daß im Zusammenhang mit einer Grundsatzdiskussion über Rechtssystem und Rechtssystematik auch die Leitungswissenschaft wieder themafähig wird.

Von Anfang an stand die Entwicklung der Leitungswissenschaft in einem engen und konfliktträchtigen Zusammenhang mit Entwicklungstendenzen in Staats-, Verwaltungs- und Wirtschaftsrecht, sowie mit allgemeinen Konzeptionen in der Rechtstheorie und der Planungstheorie. z. B. war die Abschaffung des Verwaltungsrechts auf der Babelsberger Konferenz (1958) ein (mit-)auslösender Faktor für die Entwicklung der Leitungswissenschaft als Steuerungstheorie staatlichen Handelns. Andererseits fällt das Aufflackern der Diskussion über die Wiedereinführung des Verwaltungsrechts etwa ab 1972 sehr deutlich mit dem schwindenden (offiziellen) Interesse an der Leitungswissenschaft zusammen. Dieses Verhältnis der Alternativität wird in dem Maße prekär, als die mit Entwicklungsstand und Komplexität einer Gesellschaft steigenden Anforderungen an deren Steuerungskapazität *beide* Formen der Steuerung unumgänglich machen: sowohl elaborierte rechtliche Programme und Routinen als auch mit mehreren Steuerungsmedien arbeitende (multifunktionale), flexible und lernfähige leitungswissenschaftliche Formen der Steuerung gesellschaftlicher Prozesse.

Ähnlich wie die Kybernetik ist die Leitungswissenschaft eine die hochgradige Differenzierung der Wissenschaftsdisziplinen teilweise aufhebende integrative Wissenschaft gesamtgesellschaftlicher Steuerung. Da die dominanten Steuerungsprobleme entwickelter sozialistischer Gesellschaften m. E. in der Schaffung und Koordination einer hinreichenden funktionalen Differenzierung der Gesellschaft liegen, ist es nicht überraschend, daß leitungswissenschaftliche Reflexion insbesondere in ein Überdenken komplexer informationsverarbeitender Prozesse der wechselseitigen Abstimmung und Entscheidungsfindung zwischen gesellschaftlichen Teilsystemen ausmündet. Auch in diesem Aspekt zeigt sich die Verwandtschaft von Leitungswissenschaft und Rechtswissenschaft. Im folgenden, abschließenden Kapitel soll die Beziehung zwischen diesen beiden Wissenschaften im Hinblick auf die

Leitfrage untersucht werden, wie Funktionsmängel des herkömmlichen Rechts einerseits und hochkomplexe Steuerungsprobleme entwickelter Gesellschaften andererseits auf leistungsfähigere und kontextsensitivere Formen gesellschaftlicher Steuerung drängen.

5. Leitungswissenschaft und Recht: Äquivalenzen oder Alternativen?

Die traditionelle kontinentaleuropäische Konzeption des Rechts als System positivierter, gesamtgesellschaftlich verbindlicher Handlungsanweisungen befindet sich sowohl in entwickelten ‚westlichen' wie ‚östlichen' Gesellschaften in der Defensive — wenngleich aus ganz unterschiedlichen Gründen. Für den hier allein interessierenden Fall der DDR als entwickelte sozialistische Gesellschaft ergibt sich die prinzipielle Überforderung des Rechts aus dem Anspruch des Staates, alle gesellschaftlichen Teilbereiche — Politik, Ökonomie, Kultur, Wissenschaft, Religion etc. — direkt und mittelfristig planvoll zu steuern. Dabei heißt direkte Steuerung, daß den gesellschaftlichen Teilbereichen nur eine minimale Autonomie zugestanden und mithin dem Recht auch die Bürde der internen Prozeßsteuerung aufgeladen wird. In Begriffen der Theorien gesellschaftlicher Steuerungsmedien ausgedrückt, heißt dies, daß Eigenständigkeit und Wirksamkeit der Steuerungsmedien Geld, Wissen, Kunst, Moral etc. vom klaren Primat des Mediums Macht erdrückt werden, und zwar mit erheblichen Folgeproblemen. Man kann dies an sehr grobgeschnitzten Indikatoren festmachen: daß sich die DDR nicht in periodischen, sondern in permanenten ökonomischen, insbesondere finanzpolitischen Schwierigkeiten befindet, daß sie keine Nobelpreisträger hervorbringt, daß sie kulturelle oder religiöse Autonomiebestrebungen in ebenso beschämender wie kleinlicher Weise unterdrücken muß, etc. Man kann aber auch versuchen, die sehr realen Schwierigkeiten nachzuzeichnen, die dem Versuch entgegenstanden und noch heute entgegenstehen, das sehr starre und zentralisierte Rechtssystem flexibler, lernfähiger und funktional differenzierter zu machen.

Bei diesem Versuch spielte das Spannungsverhältnis zwischen Leitungswissenschaft und Recht eine gewisse katalytische Rolle. Zunächst konnten in der leitungswissenschaftlichen Diskussion Fragen thematisiert werden (vor allem: Interdisziplinarität, sozialwissenschaftliche Ausrichtung, Flexibilität und Sachbezogenheit der Regelungen, Mitarbeit der Betroffenen, Revisibilität der Ergebnisse, etc.), die im Zusammenhang einer Diskussion um Recht möglicherweise zu macht- und ideologiesensitiv gewesen wären. Insbesondere das Beispiel des langen Kampfes um ein neues Wirtschaftsrecht zeigt, wie vorteilhaft es ist, das Recht zunächst von den widersprüchlichen Anforderungen der Verbindlichkeit einerseits und der Flexibilität andererseits zu entlasten und diesen Widerspruch am Ersatzobjekt des Spannungsverhältnisses zwischen Leitungswissenschaft und Recht durchzuspielen und zu testen[1]. Auch die seit 1972 intensivierte Diskussion über die Wiedereinführung des Verwaltungsrechts als gesonderten Rechtszweig ist geprägt durch die zugrundeliegende Frage nach Funktion und Möglichkeiten des Rechts bei der Steuerung ökonomischer, entwicklungspolitischer oder gar sozialpolitischer Prozesse[2].

Wenn im Folgenden einige Aspekte der Auseinandersetzung über das Verhältnis von Leitungswissenschaft und Recht skizziert werden, so geht es zwar zunächst auch um eine Erweiterung der Steuerungskapazität des Rechts durch Modelle rechtlicher Strukturbildung, die den veränderten Anforderungen besser entsprechen. Im Hintergrund steht aber immer zugleich die Frage, ob ein nach den Prämissen des demokratischen Zentralismus arbeitendes hierarchisches Leitungssystem mit gesellschaftsumfassendem Anspruch auf rechtlich gesteuerte Macht beschränkt werden kann, oder ob Art und Vielfalt der Aufgaben nicht gänzlich neue Modelle und Medien der Steuerung verlangen.

Leitungswissenschaftliche Reflexion eröffnet damit zumindest die Möglichkeit eines grundsätzlich gewandelten Verständnisses von Recht und der Funktion von Gesetzen. Die *Marx / Engels*sche Erkenntnis, daß eine isolierte Betrachtung des Rechts sinnlos ist, daß Gegenstand der Rechtswissenschaft stets nur das Recht im Rahmen des gesellschaftlichen Gesamtsystems oder einzelner Teilsysteme sein kann und auf bestimmte, systemabhängige Interessen bezogen ist, wird durch den Zusammenhang von LW und Recht bestärkt[3]. Das System der wissenschaftlichen Leitung der Gesellschaft gründet — solange der Staat als funktional auf die Gesellschaft bezogenes Entscheidungszentrum notwendig ist — auf dem Wechselverhältnis von staatlicher Leitung und rückwirkender gesellschaftlicher Steuerung und Regelung staatlicher Zielsetzungen. Die Organisation dieses Wechselverhältnisses wird in ihrer Makrostruktur bestimmt vom Grundsatz des demokratischen Zen-

---

[1] Vgl. *Heuer:* Gesellschaftliche Gesetze, S. 138 ff.; *Afanasjew,* W.: Wissenschaft, Technik und Leitung in der sozialistischen Gesellschaft, Berlin (Ost) 1971, S. 90 ff.; grundsätzlich schon *Pflicke,* G.: Zu einigen Entwicklungstendenzen des Planungsrechts, in: WR 12/1970, S. 728 - 739.

[2] Vgl. *Edler / Seidel* S. 173 ff.; *Such:* Zum Wesen des sozialistischen Verwaltungsrechts, S. 146 ff.; zum aufschlußreichen Fall der Neustrukturierung von Kombinaten vgl. *Badestein,* H. / *Panzer,* W.: Rechtliche Probleme des volkswirtschaftlichen Konzentrationsprozesses, in: SuR 1978, S. 482 - 493.

[3] Vgl. *Heuer:* Demokratie und Recht, S. 234; die Ausführungen *Heuers* zur Rolle des Rechts im NÖSPL (Kapitel IV der Arbeit) verdienen uneingeschränkte Beachtung — auch für eine in der BRD erst zu entwickelnde Rechtstheorie. Vgl. auch *ders.:* Wiederum zum demokratischen Zentralismus, in: SuR 1978, S. 352 - 356.

tralismus, der von der Leitungswissenschaft präzisiert und weiterentwickelt wird[4]. Die für die Realität des Zusammenhangs von Gesellschaft und Staat und für die Praxis der Leitung der Gesellschaft wichtigere Mikrostruktur besteht aus einem Netz von Kommunikationsmustern und Kompetenzabgrenzungen und findet ihren generalisierten Ausdruck im sozialistischen Recht. Daraus wird deutlich, daß das Recht ein zentrales Leitungsinstrument ist, das die Aufgabe hat, über generelle Zielstellungen und über die generellen Bedingungen ihrer Verwirklichung zu *informieren* und die einheitliche Anwendung der Gesetzmäßigkeiten der gesellschaftlichen Prozesse, insbesondere der Prozesse der ökonomischen Reproduktion, direkt und indirekt zu steuern und zu regulieren[5]. Der Regelungsaspekt des sozialistischen Rechts liegt nach *Klenner* darin, daß es nicht so sehr das Verhalten der Gesellschaftsglieder direkt vorschreibt, als vielmehr Verhalten — also z. B. Prognosen, Zielentscheidungen und Arbeitsweise — in hohem Maße indirekt beeinflußt, „indem es die effektivste Variantenauswahl stimuliert"[6]. Folgerichtig ist für ihn die Rechtsnorm eine Teilklasse der Information, genauer der Nachrichten, und hat primär die Funktion der Mitteilung[7].

Die Betonung der Rolle des Rechts als Kommunikationsmittel, als Informationssystem weist darauf hin, daß das Recht nicht in erster Linie als staatliches Zwangsmittel gesehen wird, sondern vielmehr als stabilisierender Rahmen für die optimale Entfaltung und Selbstregulierung der Teilsysteme verschiedener Stufen und des Gesamtsystems. Das Recht gestaltet die Verbindung zwischen Teilsystemen und Gesamtsystem, zwischen gesellschaftlichen Erfordernissen und den individuellen und kollektiven Interessen[8]. *Heuer* geht davon aus, daß nur diese Systemregelungen in Gestalt von Rechtsnormen die Möglichkeit bieten, „daß die zentral durchzusetzenden gesellschaftlichen Erfordernisse der langfristigen Entfaltung der betrieblichen Interessen nicht entgegenstehen, sondern sich im Gegenteil mit ihr verbinden"[9].

Die Notwendigkeit der wissenschaftlichen Leitung der Gesellschaft stellt neue Anforderungen an das Rechtssystem, insbesondere das

---

[4] Vgl. Politisches Grundwissen, S. 231.

[5] So *Andrae*, P.: Über die Instrumente der staatlichen Wirtschaftsleitung, in: SuR 1967, S. 1070 (1071); vgl. auch *Kasimirtschuk*, W.: Der soziale Mechanismus der Wirkung des Rechts, in: SuR 20, 1971, S. 284 ff.; und *Udke*, G.: Effektivität der Rechtsvorschriften und Gesetzgebungstechnik, in: SuR 22, 1973, S. 228 ff.; Wörterbuch zum sozialistischen Staat, Berlin (Ost) 1974, S. 174.

[6] *Klenner*, H.: Lenins „Empiriokritizismus" und die Grundfrage der Rechtstheorie, in: SuR 1967, S. 1615 (1625).

[7] *Heuer* betont in diesem Zusammenhang auch richtig die Bedeutung der Verständlichkeit von Rechtsnormen, die ihren Adressaten etwas mitteilen und nicht ein Rätsel sein sollen; vgl. *Heuer*: Demokratie und Recht, S. 216.

[8] Vgl. *Heuer*: Entwickeltes gesellschaftliches System, S. 647.

[9] *Heuer* S. 709; vgl. hierzu auch *Such*, H.: Wissenschaftlich-technischer Fortschritt und sozialistisches Recht, in: VS 1967, S. 712, bes. S. 713 f.

Staatsrecht, denen dieses in seiner bisherigen Systematisierung nicht genügen kann. Um die staatsrechtliche Forschung zu beleben und sie in die Lage zu setzen, den Anforderungen des gesellschaftlichen Systems des Sozialismus zu genügen, forderten *Büchner-Uhder / Poppe* schon sehr früh eine neue Systematisierung des Staatsrechts[10]. Sie begründen dies damit, daß ein Rechtszweig allein nicht mehr hinreiche, um die Vielzahl der bisher dem Staatsrecht zugeordneten Gebiete in echter innerer Geschlossenheit und systematischer Einheitlichkeit zu erfassen. Das Staatsrecht soll in die drei Rechtszweige (1) Verfassungsrecht, (2) Recht der staatlichen Leitung und Organisation und (3) das sozialistische Bildungs- und Kulturrecht gegliedert werden. Ein eigenständiges Verfassungsrecht soll die Qualität des Verfassungsrechts als grundlegender, in alle anderen Rechtszweige übergreifender und sie mitprägender Rechtszweig hervorheben.

Die Bearbeitung des Rechts der staatlichen Leitung und Organisation in einem eigenen Rechtszweig (und das heißt: mit eigenen Abteilungen und Lehrstühlen an den vier juristischen Fakultäten) soll die Rechtswissenschaft befähigen, einen Beitrag zur Entwicklung der Leitungswissenschaft zu leisten[11] und insgesamt die ‚Integrationsfähigkeit' der Rechtswissenschaft zu verbessern: Die Rechtswissenschaft müsse ihre Isolierung überwinden, indem sie die Ergebnisse angrenzender Wissenschaftszweige mit verarbeitet und sie müsse ihre Forschung so ausrichten, daß ihre Ergebnisse auch andere, verwandte Wissenschaftszweige — wie insbesondere die Leitungswissenschaft, die Wirtschaftswissenschaft, die Soziologie — bereichern. Der wachsenden Bedeutung der Bildung und Weiterbildung, sowie der kulturellen Betätigung der Menschen soll Rechnung getragen werden durch die Schaffung eines eigenen Zweiges des Staatsrechts, des sozialistischen Bildungs- und Kulturrechts.

Moschütz / Schulze greifen diesen Vorschlag einer neuen Systematisierung des Staatsrechts auf und betonen ebenfalls, daß die Probleme bei der rechtlichen Ausgestaltung des staatlichen Leitungsprozesses mit der bisherigen Konzeption des Staatsrechts nicht mehr bewältigt werden können[12]. Ihrer Meinung nach ist ein spezieller Rechtszweig erforderlich, der sich mit der juristischen Ausgestaltung der Organisation der staatlichen Leitungsprozesse befaßt und eine hohe Organisiertheit, Exaktheit und Stabilität der staatlichen Leitung gewährleistet:

„Das Recht der staatlichen Leitung sollte die Regelung der juristischen Verantwortlichkeit in den einzelnen Leitungsebenen und Leitungsbereichen,

---
[10] Vgl. (auch zum folgenden) *Büchner-Uhder / Poppe:* Neue Wege staatsrechtlicher Forschung, in: SuR 1967, S. 241, bes. S. 249 ff.
[11] So ausdrücklich *Büchner-Uhder / Poppe* S. 250.
[12] Vgl. *Moschütz / Schulze:* Zum Nutzeffekt staatsrechtlicher Forschung, in: SuR 1967, S. 614 (621).

5. Leitungswissenschaft und Recht

die Abgrenzung der Entscheidungskompetenzen, die rechtliche Ausgestaltung der Struktur des Staates, die rechtliche Regelung der Formen der staatlichen Tätigkeit, die Kontrolle und die Wahrnehmung der Staatsdisziplin umfassen[13]."

Sieht man so das sozialistische Recht als Regulativ von Führungsgrößen (Zielen und Verhaltensweisen) und als Normativ für die schöpferische Tätigkeit der Teilsysteme, so wird das Recht zum Organisations- und Führungsmittel, welches sich nicht nur an die gesellschaftliche Entwicklung passiv anpaßt, sondern diese auch selbst determiniert. Daraus folgt als Kriterium für die Effektivität staatsrechtlicher Forschung, „inwieweit es ihr gelingt, *Vorlauf* in der wissenschaftlichen Durchdringung der staatlichen Leitungsprozesse zu erreichen und der Partei und Staatsführung wissenschaftliche begründete Schlußfolgerungen vorzuschlagen"[14]. Unter den Bedingungen einer wissenschaftlich geleiteten Gesellschaft entsteht auch für das Recht der Zwang, einen wissenschaftlichen Vorlauf zu erarbeiten, um aktiv auf die Gestaltung und Weiterentwicklung der gesellschaftlichen Verhältnisse einwirken zu können. Das Recht als zentrales Instrument des staatlichen Leitungsmechanismus hat dazu beizutragen (nach *Klenner*),

1. Zielstellungen des gesellschaftlichen Handelns der Bürger und Betriebe auszuarbeiten und festzulegen,
2. die Übereinstimmung des gesellschaftlichen Handelns mit diesen Zielstellungen zu organisieren und
3. die Wirklichkeit des gesellschaftlichen Handelns zu kontrollieren, um notwendige Korrekturen an Zielstellungen oder Organisationsmaßnahmen vorzunehmen[15].

Diese Regulierungen erfolgen über einen komplexen, verzweigten Mechanismus, in dem das Recht die Aufgabe hat, mit Hilfe seiner Elemente, der Rechtsnormen, eine optimale gesellschaftliche Effektivität der Aktion von relativ selbständig handelnden Gesellschaftsgliedern anzustreben und zu sichern. Wie *Heuer* postuliert auch *Klenner*, daß die Regelungselemente (Rechtsnormen) dem eigenverantwortlichen Handeln ihrer Adressaten Orientierung und Impulse geben und über die Funktionsfähigkeit und Stabilität der Teilsysteme die Stabilität des Gesamtsystems garantieren[16]. „*Rechtstheorie ist demzufolge Regelungstheorie politischer Systeme*, Bestandteil der Wissenschaft von der sozialistischen

---

[13] *Moschütz / Schulze* S. 622.
[14] *Moschütz / Schulze* S. 623 (Hervorhebung von mir); vgl. dazu auch die Schwerpunkte der rechtstheoretischen Arbeit in der UdSSR, die *Arlt*, R.: Aktuelle Fragen der Rechtstheorie in der UdSSR, in: SuR 22, 1973, S. 186 (187) herausstellt.
[15] Vgl. *Klenner* S. 1617.
[16] Vgl. *Heuer*, U.: Entwickeltes gesellschaftliches System des Sozialismus und Wirtschaftsrecht, in: VS 1967, S. 641 (647).

Staats- und Wirtschaftsführung[17]." Eine Regelungstheorie politischer Systeme muß die Frage nach den Zielwerten der gesellschaftlichen Entwicklung umfassen. Also muß neben der Frage nach der Geltung einer Norm auch die Frage nach dem Wert einer juristischen Norm beantwortet werden. Die Bewertungskriterien für das Recht sucht *Klenner* — nachdem er m. E. richtig die selbstbetrügerische Wertblindheit des Rechtspositivismus (vor allem Kelsens und dessen Schülern) verwirft — in den sich entwickelnden und verändernden gesellschaftlichen Verhältnissen. Für ihn ist das Recht eine Widerspiegelung objektiv-realer gesellschaftlicher Verhältnisse. Recht ist normiertes Klasseninteresse, normierter Klassenwille, dessen Inhalt in den materialen Lebensbedingungen der herrschenden Klasse gegeben ist. Gesellschaftliche Verhältnisse und rechtliche Regelungen sind aber nicht mechanistisch verbunden, sondern bedingen sich wechselseitig: das sozialistische Recht ist Wirkungsbedingung und Element des sozialistischen Gesellschaftssystems. Gerade darin sieht *Klenner* die schöpferische Rolle des Rechts[18].

In schöpferischer Weise kann das Recht aber nur dann auf die gesellschaftlichen, insbesondere ökonomischen Verhältnisse einwirken, wenn die Rechtswissenschaft auf eine Rechtstheorie zurückgreifen kann, die — prognostisch orientiert — einen wissenschaftlichen Vorlauf vor den bereits verfestigten gesellschaftlichen Verhältnissen hat. Bereits einer der ersten Vertreter der marxistischen Rechtstheorie, *P. I. Stučka*, kritisiert die Vorstellung, für das Recht sei ein Zurückbleiben hinter der Wirklichkeit typisch. Dagegen zitiert er zustimmend eine Äußerung (des bürgerlichen Juristen) *Mengers*, nach der das Auge des wahren Gesetzgebers nicht auf die Vergangenheit, sondern unverwandt auf die Zukunft gerichtet sei[19]. Betrachtet man das Recht im Zusammenhang mit der Funktion der Leitungswissenschaft, die Entwicklung der Gesellschaft nach wissenschaftlichen Kriterien zu untersuchen und mitzugestalten, so ergibt sich insbesondere für das Verfassungsrecht und für das Recht der staatlichen Leitung und Organisation die Notwendigkeit, vorausschauende, systembezogene Regelungen zu entwerfen, die die Normenprogramme der einzelnen Teilsysteme in eine im Prinzip widerspruchsfreie Gesamtordnung verknüpfen. Auch die Normenprogramme der einzelnen Teilsysteme müssen durch logische und funktionale Konsistenz und durch eine praktikable Systematisierung so gestaltet wer-

---

[17] *Klenner* S. 1618.
[18] Vgl. *Klenner* S. 1624 - 1627 und *Posch*, M.: Funktion und Struktur des Rechtssystems im gesellschaftlichen Regelprozeß, in: SuR 1967, S. 1700 (bes. S. 1703); vgl. dazu auch *Arlt*, R.: Zu einigen Grundfragen der marxistisch-leninistischen Rechtstheorie in der DDR, in: SuR 1969, S. 1419 (1430), der hier die aktive, organisierende Rolle des Rechts betont.
[19] Vgl. *Stucka*, P.: Die revolutionäre Rolle von Recht und Staat (Einleitung von N. *Reich*), Frankfurt/M. 1969, S. 122 und 153.

den, daß die Entwicklung der Teilsysteme nicht gehemmt, sondern gefördert wird. Zwar sollen juristische Normen verhaltens-, verfahrens- und prozeßstabilisierend wirken, doch dürfen stabile Regelungen nicht zur starren Steuerung verflachen. Insbesondere in der Wirtschaft ist dies ein Grundproblem.

Supranowitz fordert daher eine umfassende, von einheitlichen inhaltlichen Prinzipien und Gestaltungsgrundsätzen gekennzeichnete Neukodifizierung des gesamten Wirtschaftsrechts, die gerade nicht durch eine partielle Angleichung der bestehenden rechtlichen Regelungen erreicht werden könne, sondern nur durch ein möglichst vollständiges Regelsystem, das in einem komplexen Gesetzgebungsakt geschaffen werden müsse[20]. Diese damals in Aussicht genommene Neukodifizierung des Wirtschaftsrechts warf besondere Probleme auf, da unter den Bedingungen der wissenschaftlich-technischen Revolution prospektive Regelungen ein Höchstmaß an wissenschaftlicher Voraussicht erfordern. Diese Aufgabe war ein Anstoß für eine enge Zusammenarbeit der Rechtswissenschaft mit der Leitungswissenschaft, worauf gleich noch einzugehen ist.

Stučka war noch überzeugt davon, daß dem Privatrecht der Primat zukomme und alle übrigen Rechtseinrichtungen nur geschaffen wurden, um das Privatrecht zu schützen. Das Staatsrecht erfülle seiner Meinung nach nur technische Hilfsfunktionen[21]. In einer Phase, in der die an den gesamtgesellschaftlichen Interessen orientierte staatliche Planung und Leitung immer größeres Gewicht erhält, scheint sich dieses Verhältnis umzukehren. Bezeichnenderweise wurde bereits 1968 in der neuen Verfassung der DDR eine Neukodifizierung des Verfassungsrechts und die Grundzüge des Rechts der staatlichen Leitung und Organisation vorgelegt, in welcher eine Fülle programmatischer prospektiver Regelungen enthalten ist.

So postuliert Art. 2 II der Verfassung der DDR als unantastbare Grundlage der sozialistischen Gesellschaftsordnung die Planung und Leitung der gesellschaftlichen Entwicklung nach den fortgeschrittensten Erkenntnissen der Wissenschaft. Dazu gehören neben der marxistisch-leninistischen Gesellschaftsprognostik vor allem Methoden der Kybernetik, der Operationsforschung, der Netzwerkplanung und die syste-

---

[20] Vgl. *Supranowitz*, S.: Zu aktuellen Aufgaben der wirtschaftsrechtlichen Gesetzgebung im ökonomischen System des Sozialismus, in: SuR 1968, S. 1299 (1312); vgl. hierzu auch *Pflicke*, G.: Die Entwicklung der Rechtsstellung der volkseigenen Produktionsbetriebe, in: VS 1967, S. 724, bes. S. 738, der hier seine frühere Auffassung revidiert und die Schaffung eines das gesamte Wirtschaftsrecht umfassenden Wirtschaftsgesetzbuches vorschlägt; in einem späteren Aufsatz (*Supranowitz*, S.: Aufgaben der Gesetzgebung auf dem Gebiet des sozialistischen Wirtschaftsrechts in der DDR, in: SuR 1969, S. 1059 [1067]) präzisiert *Supranowitz* seine Vorstellungen.

[21] Vgl. *Stucka* S. 72 und S. 176.

matische Nutzung modernster Verfahren und Techniken der elektronischen Datenverarbeitung[22]. Dies weist darauf hin, daß die Verfassung nicht auf das bereits Erreichte hin angelegt ist, sondern auf den Fortschritt der Gesellschaft in Richtung auf eine Vollendung des Sozialismus. Der Begriff ‚Triebkraft' in Art. 2 IV soll verdeutlichen, daß die Übereinstimmung der Interessen der Werktätigen und ihrer Kollektive mit den gesellschaftlichen Erfordernissen nicht als stabile Größe, sondern als dynamischer Prozeß aufzufassen ist. Dieser dynamische Prozeß erfordert die ständige Anpassung der Organisation z. B. des Planungssystems oder der Verfahren der Vorbereitung und Fällung staatlicher Leitungsentscheidungen, und er erfordert die Entfaltung wirksamer und dem erreichten gesellschaftlichen Entwicklungsstand angemessener Formen der sozialistischen Demokratie[23]. Der Verfassung liegt mithin ein dynamisches, lernendes Modell des gesellschaftlichen Systems zugrunde, in dem die Adäquanz demokratischer Formen und Verfahren gemessen wird an den Möglichkeiten, die der erreichte gesellschaftliche Fortschritt — insbesondere die Qualifizierung der Bürger[24] zur Führung, Planung, Leitung und Organisation, das wirtschaftliche Potential und die Stabilität der ideologischen Lage — erlaubt.

Die dem demokratischen Zentralismus innewohnende Dialektik von zentraler staatlicher Planung und Leitung in den Grundfragen und der eigenverantwortlichen Eigeninitiative der Bürger, ihrer Gemeinschaften und der örtlichen Staatsorgane verlangt bereits jetzt eine kontinuierliche Perspektivplanung der Betriebe und der Kombinate und die Präzisierung der perspektivischen Ziele in den Jahresplänen entsprechend den neuen prognostischen Erkenntnissen. Denn nur aufgrund der eigenverantwortlichen Tätigkeit der Teilsysteme aller Stufen ist es möglich, die zentrale staatliche Leitung auf die Grundfragen der gesellschaftlichen Entwicklung zu konzentrieren[25].

Die Zukunftsorientiertheit der Verfassung der DDR auch bezüglicher organisatorischer Regelungen kommt z. B. in den Art. 47 I und 79 II zum Ausdruck. Art. 47 I schreibt vor, daß der Aufbau und das System der staatlichen Leitung der Dynamik des entwickelten gesellschaftlichen Systems des Sozialismus „zu jeder Zeit" gerecht werden muß; und Art. 79 II mißt die Qualität der Leitungstätigkeit des Ministerrats an den Erkenntnissen der Organisationswissenschaft, so daß die Bildung

---

[22] Vgl. Verfassung der DDR, Dokumente, Kommentar, hrsg. von *Sorgenicht / Weichelt / Diemann / Semler*, Berlin (Ost) 1969, Art. 2, S. 248 (Bd. I).
[23] Vgl. Verfassungskommentar, S. 254 (Bd. I).
[24] Vgl. *Kallabis*, H.: Technischer Fortschritt und das Problem realer Demokratie im Wirtschaftsgeschehen, in: DZfPh 1966, S. 644 (S. 652 f.), der auf die Abhängigkeit möglicher Mitbestimmung von Bildung und Ausbildung hinweist.
[25] So Verfassungskommentar, Band I S. 329 und Band II S. 241.

der Ministerien und anderer zentraler Staatsorgane nach den politischen und ökonomischen Erfordernissen der jeweiligen Entwicklungsstufe zu erfolgen hat[26].

Nun ist es nicht besonders schwierig, den Fortschritt zum Prinzip der Verfassung zu machen — auch die Weimarer Reichsverfassung enthielt eine Fülle richtungsweisender, programmatischer Forderungen. Problematisch ist aber die Verwirklichung der Zielsetzungen, ihre Durchsetzbarkeit als geltendes Recht. Art. 107 der Verfassung der DDR, der sich auf den gesamten Inhalt der Verfassung erstreckt, legt fest, daß die Verfassung unmittelbar geltendes Recht und für jedermann verbindlich ist. Er wird ausdrücklich als Garantie dafür verstanden, daß Verfassungstext und Verfassungswirklichkeit übereinstimmen[27].

Soweit in der Verfassung die *Ergebnisse* und Errungenschaften der bisherigen Entwicklung festgestellt und verankert werden, bedeutet die unmittelbare Verbindlichkeit der Normen, daß eben diese Ergebnisse verfassungsrechtlich geschützt sind und ihre Wahrung und Weiterentwicklung Rechtspflicht und Rechtsanspruch für jedermann ist. Diese Festlegung ist die Funktion jeder Verfassung. Darüber hinaus erhebt die Verfassung der DDR den Anspruch, auch Ziele und Verfassungsaufträge als unmittelbar verbindliches Recht gelten zu lassen[28]. Was die in der Verfassung festgelegten *Ziele* der gesellschaftlichen und staatlichen Entwicklung betrifft, so soll hier unmittelbare Rechtsgültigkeit heißen, daß sie für jedermann verbindliche und verfassungsrechtliche Orientierung des Handelns sind. Die ausdrücklich genannten *Verfassungsaufträge*, die auf wissenschaftlicher Prognose der künftigen Entwicklung beruhen, sind eine weitere Kategorie von Normen, die den Fortschritt zum Gegenstand der Verfassung machen. Diese Normen werden so verstanden, daß es verbindliches Gebot besonders für alle Staats- und Wirtschaftsorgane sei, den in der Verfassung vorgezeichneten Zustand zu erreichen und die Verfassungsaufträge zu erfüllen.

Parallel zur LW hat die Verfassung im normativ-grundsätzlichen Bereich die Funktion, neben der Regelung des Bestehenden den Weg in die Zukunft vorzuzeichnen. Dabei darf nicht übersehen werden, daß die *Grundbedingung* für den Entwicklungsweg der sozialistischen Gesellschaft und des sozialistischen Staates in der DDR das „gesetzmäßige Wachsen der führenden Rolle der Arbeiterklasse und ihrer marxistisch-leninistischen Partei (ist)"[29]. Diese Klassenposition nicht genügend be-

---

[26] Vgl. *Heuer:* Organisation, S. 1704, und Verfassungskommentar, Band II S. 237 und 352.
[27] Vgl. Verfassungskommentar, Band II S. 509.
[28] Vgl. dazu und zum folgenden Verfassungskommentar, Band II S. 511 und 512.
[29] *Berndt / Gottschling* S. 67.

rücksichtigt, ja aufgegeben zu haben, wurde den Rechtswissenschaftlern *Klenner / Mollnau* vorgeworfen, die den Entwurf eines Buches über ‚Rechtstheorie des Sozialismus' vorgelegt hatten. Insbesondere die zentrale These des Buches, nach der Rechtstheorie Regelungstheorie politischer Systeme sei, wurde angegriffen und ihre Unvereinbarkeit mit dem Prinzip des demokratischen Zentralismus festgestellt[30]. Diese relativ unvorhergesehen hereinbrechende Kritik (*Klenner* publizierte seine Grundthese bereits 1967 und in Lehrbriefen für das Fernstudium noch früher!) macht deutlich, daß die Flexibilität und Weitsichtigkeit der Verfassung — die eine zukunftsorientierte Rechtstheorie zur notwendigen Voraussetzung hat — nicht sozialen Wandel schlechthin erlaubt, sondern nur strikt kontrollierten Wandel, der die führende Rolle der Partei in keiner Weise beeinträchtigt.

Diese Einengung möglicher Evolution auf einen einzigen ‚wahren' Weg führt notwendigerweise zu einer Instrumentalisierung der Rechtstheorie, die ganz analoge Züge aufweist wie die Verflachung der LW zur Organisationstheorie. *Haney* betont zwar, daß die durch die Einheit von sozialistischer und wissenschaftlich-technischer Revolution ausgelösten sozialen Prozesse mehr denn je eine rechtliche Gestaltung in den Kategorien wie Prognose, Zielsetzung, Information, Funktion, Kooperation, Integration, verlangen, doch dürfe dies nicht zu einer Loslösung der Rechtstheorie von der Gesellschaftstheorie führen. In deutlicher Anspielung auf die Position von *Klenner / Mollnau* schreibt er aber, die Reduzierung des sozialistischen Rechts auf einen allgemeinen Regelcharakter negiere dessen objektive, klassenbedingte Grundlagen; eine derartige Auffassung ließe gegenüber den gesellschaftlichen Gesetzmäßigkeiten eine spontane, agnostizistische Grundhaltung entstehen[31]. *Haney* versteht die Rechtstheorie als ein Instrument der von der Partei geführten Entwicklung der Gesellschaft und gesteht der Rechtstheorie nicht die relative Eigenständigkeit zu, die unabdingbare Voraussetzung dafür ist, daß das Recht als Regelungsmechanismus möglicher Interessendivergenzen fungieren kann[32].

Gerade weil die Spezifik der Gesetzgebungs- und anderer Normativakte darin besteht, daß sie für eine längere Wirkungsdauer bestimmt

---

[30] Vgl. *Leichtfuss*, H.: Bericht über eine Kollegiumssitzung zu rechtstheoretischen Fragen, in: SuR 1969, S. 106 (bes. S. 107 - 112).

[31] Vgl. *Haney*, G.: Recht und sozialistisches Gesellschaftssystem, in: Neue Justiz 1969, S. 225 (bes. S. 226 - 229); in diesem Artikel kritisiert *Haney* auch die Auffassung *Heuers*, nach der das Recht für eine gewisse Übergangszeit die Aufgabe habe, die Verbindung der Teilsysteme mit dem Gesamtsystem zu gewährleisten (vgl. dazu *Heuer*: Die Funktion des Rechts im entwickelten gesellschaftlichen System des Sozialismus, in: Neue Justiz 1967, S. 656).

[32] Vgl. dagegen die differenzierte Argumentation bei *Heuer*: Gesellschaftliche Gesetze, S. 134 ff.

5. Leitungswissenschaft und Recht

sind, muß der Gesetzgebungsakt ein prognostisches Element enthalten, das sich der Instrumentalisierung auf eine einzige vorherbestimmte Entwicklungsrichtung entzieht[33]. *Safarow* sieht in der Prognostik neben der Beschreibung und Erklärung die dritte Funktion der Rechtswissenschaft und fordert daher ein System fundamentaler theoretischer Forschungen, die besonders auf Gesetzmäßigkeiten der Entwicklung staatlicher und rechtlicher Erscheinungen zu richten seien. Seiner Meinung nach ermöglichen erst diese konzeptionellen Forschungen Prognosen, indem sie den wissenschaftlichen Vorlauf für die Praxis schaffen und das Potential der Wissenschaften bereichern. Prognose des Rechts heißt für ihn Prognose der Entwicklung der Demokratie; und den Sinn der Prognostizierung der Demokratie sieht er in der rechtzeitigen Feststellung und Überwindung der möglichen Disproportionen zwischen dem politischen, ökonomischen, technischen, demographischen, intellektuellen Stand der Gesellschaft einerseits und dem Stand der Demokratie, dem Umfang und der Anwendung der demokratischen Institute und Garantien andererseits[34].

Die eben skizzierten Diskussionen waren in starkem Maße Begleit- und Folgeerscheinungen der Auseinandersetzungen um die 1968 in Kraft getretene neue Verfassung der DDR. Danach trat eine schwer deutbare Phase des Stillhaltens ein und erst knapp zehn Jahre später zeigte sich etwa ab 1976 auch nach außen hin in Veröffentlichungen ein neues Interesse zugleich an rechtstheoretischen wie leitungswissenschaftlichen Fragen. Wieder waren Fragen der Systematisierung der Staats- und Rechtswissenschaften und ihrer Zweige der Auslöser für Auseinandersetzungen, die im Grunde das Problem der Leistungsgrenzen des Rechts und die Frage der Alternativen zum Recht betrafen[35].

Daß in sozialistischen Gesellschaften das Recht eine ideologisch zwielichtige Stellung einnehmen sollte, weil es sich eigentlich auf dem Weg des Absterbens befinden müßte, ist längst Anathema. Die Anpassungsformel lautet, daß die Rolle des Rechts enorm wachse, „*nachdem* sich die sozialistischen Produktionsverhältnisse durchsetzen, also nachdem ein wichtiger Schritt auf dem Wege zur angestrebten sozialökonomischen Homogenität der Gesellschaft getan wurde: Das sozialistische Recht erweist sich als unentbehrliches Mittel, um die Interessen und die Politik der regierenden Arbeiterklasse zu realisieren und die ent-

---

[33] So ausdrücklich *Safarow*, R.: Prognostik und Rechtswissenschaft, in: SuR 1969, S. 991 (bes. S. 992 und 1001).
[34] Vgl. *Safarow* S. 999 und 995.
[35] Vgl. *Arlt*, R.: Rechtssystem und Rechtswissenschaft, in: SuR 1976, S. 639 - 642; *Benjamin*, M.: Zur Entwicklung des Systems der Staats- und Rechtswissenschaft, in: SuR 1977, S. 740 - 750.

wickelte sozialistische Gesellschaft zu gestalten[36]." Diese zentrale Bedeutung des Rechts für die Regulierung und Gestaltung der Gesellschaft ist in der DDR so gut wie unbestritten. Dennoch gibt es interessante Nuancen. Kurz vor dem gerade angeführten Zitat schreibt *Mollnau*, das Recht habe nicht in sich selbst das Potential, die Gesellschaft zu rekonstruieren und die Zukunft zu strukturieren. Es könne vielmehr nur im Rahmen und gemäß den Bedingungen der grundlegenden gesellschaftlichen Verhältnisse wirksam werden[37].

Andere Autoren betonen demgegenüber gerade die Notwendigkeit, über das Recht hinaus Steuerungskapazitäten zu entwickeln, die die gesellschaftlichen Verhältnisse zielorientiert und planmäßig zu steuern ermöglichen. Besonders klar formulieren dies *Grahn / Wagner:* „Die Rechtswissenschaft insgesamt muß also immer mehr zu einer Wissenschaft von der Prognose, Planung, Leitung und Organisation der sozialistischen Gesellschaft werden. Sie dient somit der sozialen Leitung der sozialistischen Gesellschaft, deren Lebensgrundlage die Partei ist[38]." Zuvor schon wies *Heuer* in einer sehr differenzierten und scharfsinnigen Argumentation darauf hin, daß Staat und Recht einerseits eine gewisse relative Selbständigkeit gegenüber der sie tragenden Gesellschaft und ihren Prozessen habe („Das Recht ist in den gesamtgesellschaftlichen gesetzmäßigen Prozeß der Entwicklung zum Kommunismus eingebettet, aber nicht mit ihm identisch[39]."), daß andererseits aber unter den Aufgaben des Staates die ökonomische Aufgabe an erster Stelle stehe und dies unter der Voraussetzung gesellschaftlichen Eigentums eine *unmittelbare* ökonomische Tätigkeit des Staates erfordere. Da diese ökonomische Tätigkeit nicht über den Regelungsmechanismus Geld, sondern über den Regulator Recht primär gesteuert wird[40], fordert *Heuer* konsequent eine Weiterentwicklung der rechtswissenschaftlichen Forschung und Gestaltung zu einer allgemeineren Leitungswissenschaft, die ins-

---

[36] *Mollnau, K.:* Aspekte der Wechselbeziehung zwischen Recht und Politik als soziologisches Forschungsproblem. Paper presented to the Meeting of the ISA Research Committee on Sociology of Law, Saarbrücken, 5th to 8th September, 1977, p. 3.

[37] Vgl. *Mollnau* p. 3.

[38] *Grahn, W. / Wagner, I.:* Zur Entwicklung des Systems der Staats- und Rechtswissenschaft, in: SuR 1978, S. 58.

[39] *Heuer:* Gesellschaftliche Gesetze, S. 141.

[40] „Unter den gegenwärtigen Bedingungen gibt es außer dem Recht kein anderes System sozialer Normen, das die gesellschaftliche Regelung in der Wirtschaft genauso effektiv und zweckmäßig ausüben könnte." *Alexejew, S.,* zit. von *Heuer:* Gesellschaftliche Gesetze, S. 140, N. 70. Was hier schlicht als Axiom erscheint, ist gerade das eigentliche Problem: Mit welchen gesellschaftlichen und individuellen Kosten und Nutzen kann bei der Steuerung ökonomischer Prozesse das Medium Macht das Medium Geld ersetzen?

besondere auch die soziologisch faßbaren Wirkungen und Folgeprobleme der Anwendung rechtlicher Mechanismen reflektiert[41].

In diesem Aspekt einer grundsätzlichen Reflexion der Steuerungskapazität des Rechts, sowie der Erhöhung dieser Kapazität entweder durch „angereicherte" Formen des Rechts oder durch alternative Leitungsformen kann die leitungswissenschaftliche Diskussion in entwickelten sozialistischen Gesellschaften auch für das Problem der Steuerbarkeit komplexer westlicher Gesellschaften wichtige Anregungen und Aufschlüsse erbringen. Gerade in der Bundesrepublik steckt die Diskussion um Leistungs- und Rationalitätsgrenzen des Rechtsstaates, um alternative Rechtsformen und Alternativen zum Recht noch in den Kinderschuhen[42]. Jenseits von Überheblichkeit oder vorschnellem Systemvergleich wäre es an der Zeit, die Erfahrungen anderer komplexer Gesellschaften zur Kenntnis zu nehmen und auszuwerten.

---

[41] Vgl. *Heuer:* Gesellschaftliche Gesetze, S. 141.
[42] Vgl. den Sammelband Alternative Rechtsformen und Alternativen zum Recht, Jahrbuch für Rechtssoziologie und Rechtstheorie Bd. 6, hrsg. von E. Blankenburg, E. Klausa und H. Rottleuthner, Opladen (im Druck).

Stichwortverzeichnis

Autonomie 9, 10, 13, 14, 24, 45, 54, 115
Autonomie, relative 24, 41, 67, 73, 92

Dekonzentration 45, 46, 56, 58, 67
Demokratie, sozialistische 13, 27, 32, 41, 77, 100, 122
Demokratiekonzeption 33 f., 48, 51, 82, 96, 101, 105 f., 112, 113
Demokratisierung 50, 83
Dezentralisation 10, 28, 35
Differenzierung 23, 24, 28, 39, 44, 96, 113
Differenzierung, funktionale 13, 14, 29, 39, 41, 42

Effektivität 46, 58, 119
Effizienz 22, 23, 24, 29, 39, 73, 74, 76, 85, 86, 94
Einzelleitung 29
Evolution 17, 26, 92, 101, 102, 103, 104, 106, 108, 109, 110, 112, 124

Faktor, subjektiver 102, 103
Forschungsrat 60
Führung 21, 25 ff., 94
Futurologie 26, 60

Gesetz, objektives 16, 47, 55, 87 ff., 90, 92, 99, 103

Hebel, ökonomische 44, 45, 46, 54, 58, 59
Herrschaft 73, 74, 76, 77, 90, 91, 93, 101, 103

Ideologie 9, 11, 17, 43, 50, 56, 57
Industriegesellschaften 9, 23, 35, 41, 44, 48
Industriepreisreform 58
Infrastruktur 48
Innovation 23
Integration 9, 10, 11, 23, 42, 93, 96, 124
Interdependenzen 9

Komplexität 9, 11, 23, 33, 35 f., 40, 42, 44, 49, 85, 91, 92, 94, 95, 96, 104, 105, 110, 111, 113

Komplexitätsverarbeitung 23
Konsens 10
Kontrolle 10
Konvergenz 10, 71
Konzerne, sozialistische 58
Kybernetik 19, 20, 31, 35, 38, 52, 75, 79, 113, 121

Macht 14, 15
Ministerrat 27, 43, 60, 69, 97 ff., 122

Netzwerk 61 ff.

Organisation 16, 18, 19, 20, 21, 22, 30 ff., 126
Organisationswissenschaft, marxistisch-leninistische (MLO) 30 ff., 122

Partizipation 22, 24, 25, 29, 39, 46, 85, 86, 94
Perspektivplan 27, 59, 60, 82, 95, 122
Planhierarchie 26
Planinformation 67, 69, 86
Plankommission, staatliche (SPK) 59, 60, 98
Plan-Markt-Beziehungen 38, 66
Planung 13, 17, 22, 26, 43, 45, 58, 59, 61, 71, 109
Planungssystem 66, 105
Präferenzordnung 57
Prämienfonds 66, 85
Privatrecht 121
Prognostik 26, 27, 38, 59, 60, 61, 69, 73, 88, 108, 109, 123, 124, 125, 126
Produktionsfondsabgabe 58
Produktionsprinzip 47, 51
Prozesse, multiplikative 21
Prozesse, reflexive 21
Prozeßsteuerung 115

Rechte, subjektive 40
Rechtstheorie 13, 83, 113, 119, 120, 124
Rückrechnung 27

Selbstorganisation 24, 25, 38, 40, 44, 45, 46, 49, 54, 58, 74, 90

Stichwortverzeichnis

Selbstregulierung 45, 56, 67, 70, 86, 117
Sozialismus, demokratischer 36
Soziologie, konkrete 16
Spontaneität 102 f.
Staatsrat 97 ff.
Staatsrecht 17, 113, 118, 121
Staatswissenschaft 31
Steuerung 13, 30, 38, 43, 57
Steuerungskapazität 105, 113, 116, 126, 127
Steuerungsmedien 14, 115
Steuerungssprachen 14, 15
Steuerungssysteme 105
Systeme, komplexe 38, 41
Systemsteuerung 35, 41
Systemtheorie 19, 54, 67, 75, 76, 82
Systemtheorie, kybernetische 19, 31, 32, 100, 101

Territorialprinzip 47, 51

Verfassungsaufträge 123
Verfassungsrecht 118
Verflechtungsbilanzierung 27
Verwaltungsrecht 17, 31, 113, 116
Verwaltungswissenschaft 31
Volkskammer 97 ff.
Volkswirtschaftsrat 59

Wettrüsten 111
Widersprüche 43, 74, 80, 110, 115
Wirtschaftsrecht 113, 115, 121
Wirtschaftsreform 33

Zeitdimension 16, 18, 26
Zentralisierung 10
Zentralismus 35, 40, 46, 54, 74, 85
Zentralismus, demokratischer (DZ) 36, 37, 38, 43, 46, 53, 54, 76, 77, 83, 84, 85, 86, 90, 91, 95, 116, 122, 124
Zukunftsorientierung 10, 93, 95, 120, 122

Printed by Libri Plureos GmbH
in Hamburg, Germany